Ferdinand Gregorovius · Idyllen vom baltischen Ufer

DEUTSCHE BIBLIOTHEK DES OSTENS

Herausgegeben
von
Karl Konrad Polheim und Hans Rothe

Nicolai

FERDINAND GREGOROVIUS

Idyllen vom baltischen Ufer
Idyllen vom lateinischen Ufer
Die Insel Capri

Herausgegeben
von
Eugen Thurnher

Nicolai

In Verbindung mit der Kommission zum Studium der deutschen
Geschichte und Kultur im Osten an der Universität Bonn

© 1991 Nicolaische Verlagsbuchhandlung Beuermann GmbH, Berlin
Lektorat: Carolin Hilker-Siebenhaar
Umschlagbild: Friedrich Naht, Kurische Nehrung, 1890;
Archiv für Kunst und Geschichte, Berlin
Satz: Mega-Satz-Service, Berlin
Druck und Bindung: Passavia GmbH, Passau
Alle Rechte vorbehalten
Printed in Germany
ISBN 3-87584-340-1

Idyllen vom baltischen Ufer

Schon mancher königsberger Schriftsteller, wie auch Karl Rosenkranz in seinen „Skizzen" und wie Alexander Jung in mehreren Schriften, hat die schöne graue Stadt Königsberg abconterfeit, aber wenig mögen Sie in Deutschland von unserm samländischen Paradiese wissen. Ganz im Ernst, Samland war das ehemalige Paradies. Die Gelehrten haben das längst bewiesen, nachdem ein Naturforscher eines Tages im Sande der Ostseeküste drei fossile Nüsse gefunden, darauf einen fossilen Baumstamm – in diesen Nüssen erkannte er die echten unaufbeißbaren Nüsse vom Baume der Erkenntniß und in dem Stamme den urparadieslichen Palmenbaum. Seitdem aber haben die Gelehrten wieder ausgerechnet, daß dieser Palmenbaum kein Palmenbaum, sondern eigentlich der Bernsteinbaum gewesen sei *(Pinus succifer)*, welcher die alte Bernsteininsel ehedem bedeckt habe. Nun versank die Insel durch diluviale Revolutionen, und es hob sich das jetzige Samland heraus, welches eigentlich nichts ist als ein ungeheueres Stück Bernstein mit allerlei Aluvium von Braunkohle, Eisenocker, weißem Sand und blauem Thon, worauf sich seitdem die Samländer und Bernsteinjuden niedergelassen haben. Diese gelehrten antediluvianischen Bemerkungen muß ich vorausschicken, das Übrige können Sie im Göppert'schen Folianten nachsehen.

Wenn also die Zeit gekommen ist, wo dem deutschen Schulmeister die herrliche Walpurgisnacht, der Ferienanfang, in den Gliedern zu spuken beginnt, und wo man, wie Jean Paul sagt, allerwegen die gebückte Creatur sich vom Boden aufrichten und den Himmel anlächeln sieht, dann wird dies öde Königsberg lebendig; es schüttelt den Stubenstaub von den Kleidern und wandert zur Villeggiatur nach seinem samländischen Albano, seinem Aricia und Nemi. Zu Roß, zu Fuß, zu Wagen geht es Tag aus Tag ein durch das Steindammer Thor. Dort vor dem Thore liegt auf einem Ackerland an einer Allee der Humor Königsbergs begraben. Dort raufen auf dem Grabe Hippel's muntere Ziegen das Gras aus, eine würdige Satyrgesellschaft auf der Gruft dieses schlafenden königsberger Faun. Hippel würde sich verwundern, sähe er diese Wanderzüge seiner nachgeborenen Mitbürger. Denn zu seiner Zeit wußte Königsberg weder, daß nur fünf Meilen entfernt ein reizender Strand läge, noch gab es damals überhaupt ostpreußische Badeörter. Nur der kurische Fischer in seinem Friesrock und in der blaurothen Kappe brachte den Stör und den Dorsch zu Markt, der Händler brachte den Bernstein und der Forstmann das Reh, den Hirsch und das Elennthier. Das ist also königsberger Cultur in aufsteigender Linie. Unsere Vorfahren zur Zeit Hippel's, Kant's und Hamann's waren echte Pfahlbürger. Sie lebten eingepfercht in der düstern Hochmeisterstadt, und wenige kannten das mit der Stadtcultur steigende Bedürfniß eines Gegensatzes zu dem Leben in den Mauern, das Bedürfniß einer Sommerreise, eines Bades im Meere, eines Sommerhäuschens in der freien Natur. Ich weiß nicht, welch ein kühner Balboa es war, der im vorigen Jahrhundert die baltische Küste zuerst entdeckte und durch die Wälder Wege nach dem Meere bahnte. Kranz war das erste Bad, welches die Regierung anlegte – es ist noch heute eine Staatsrevenue, aber nicht zum Vortheil der Badegäste. Seitdem gibt es an der nördlichen Küste Samlands in einer Entfernung von vier Stunden, von dem Dorfe Rantau bis zu dem Leuchtthurm von Brüsterort kaum ein Stranddörfchen, das nicht Badegäste beherbergte.

Eine Wanderung in Sommertagen längs diesem Ufergürtel ist wie ein Spaziergang durch einen großen, lieblichen Garten. Der Charakter der Gegend ist ganz idyllische Anmuth, fast idyllischer als der von Rügens Küsten, auf denen der redselige Pastor Kosegarten seine „Jucunde" dichtete. Die Natur thürmte hier weder Kreidefelsen noch Granitblöcke auf: sie bildete eine ihrer jüngsten Formationen, ein geschichtetes Sandufer und hier und da bizarr gestaltete Kegel von Thon und Ocker und zerrissene Vorberge, meist aber nur sanfte Uferabhänge von 80–100 Fuß Höhe, welche zum Theil üppiger Pflanzenwuchs bedeckt. Dort blüht in malerischen Ranken die Winde, das gelbe Labkraut, die Erdbeere und die Brombeere, die stattliche Weidenrose (Epilobium) pflanzt dort ihre rothe Blütenpyramide auf, die Campanula wiegt ihre blauen Glocken im Seelüftchen und der bräutliche Rosmarin wuchert auf den Haidebergen. Wenn die Töchter der krystallenen Tiefe und die Erdentöchter Königsbergs aus dem Bade steigen, können sie die zarten Glieder auf dem weichen Sande gemächlich lagern und ungestört Kränze winden.

Das baltische Gestade ist von einer reizenden Harmlosigkeit und Verschwiegenheit, wie eine Schäferstunde. Die Wellen wiegen sich in dem melodischen Rhythmus fort und ziehen weiße Schäume ans Ufer, dann und wann schrillt eine flatternde Möve, der einzige Seevogel jener wenig belebten Küste, dann und wann wirft die Woge den Tang aus und mit ihm ein blitzendes Stück Bernstein, ein Geschenk für ein putzsüchtig Menschenkind; selten taucht der Seehund aus dem Wasser und sonnt sich auf einem Stein. Hier und da streicht ein Fischerkahn über die blaue See, die Netze auszuwerfen, und ein vorübersegelndes Schiff, ein Kauffahrer, der nach Riga oder Petersburg segelt, mit den Barbaren zu handeln, erscheint am fernsten Horizont, mit dunkeln Masten vorüberschwebend, gleich dem Nebelbilde eines fliegenden Holländers, von der Küste hinweggewiesen durch das warnende Wandelfeuer des Leuchtthurms von Brüsterort.

Niemand entzieht sich der stillen Poesie dieser baltischen Küstenoase. Wie das Kameel schmachtend nach dem Wasserbrunnen, so stürzt sich selbst der königsberger Gelehrte in die Blumen des samländischen Gestades, nachdem er ein unendlich langes Semester vor einem Dutzend Juristen Heineccius Antiquitäten, Edictum perpetuum, die Constitutionen und andere vortreffliche Sachen gelesen hat. Es ist ein ergreifender Anblick, einen Professor an den Busen der Natur stürzen zu sehen. Ich bekomme immer wieder ein menschlich Rühren über jene Osterscene im „Faust", das Deutscheste, was Goethe geschrieben hat, wo der Professor Faust mit Wagner spazieren geht und mitten in der Gefühlsekstase der Naturberauschung ihm noch wie aus dem Kathedervortrage die professorlich stilisierten Worte entschlüpfen: „Aber die Sonne duldet kein Weißes." Der königsberger Wagner am samländischen Strande ist nicht mehr der Goethesche Famulus, denn erst nach vier Wochen Ferien sieht er sich an Wald und Feldern satt. Wie oft belauschte ich nicht den hochseligen Wagner als *l'amore pensoso,* bibel- oder pandektenvergessend an einem Rosmarinbusch niedergestreckt, die Augen träumerisch zu den Wölkchen erhoben, die er aus dem „Kosmos" noch obenein mit Cirrus richtig zu bezeichnen vermag – ich weiß freilich nicht, ob ihm nicht dort oben manchmal die vier apokalyptischen Reiter in Rosa erschienen sind, oder die fünf Männer, Prachtausgaben vom Theodosianischen Codex in den Händen – aber ich sah es, wie er sich vollgetrunken hatte von des Lebens süßer Milch, Poesie, und hörte ihn vor sich hinträllern die Ode des Petrarca: Von Traum zu Traum, von Berg zu Berg führt mich die Liebe.

Doch steigen wir die weiße Uferdüne hinauf, setzen wir uns an dem Landweg auf irgend einem Hünengrabe nieder

(Kaporn nennen solches die Samländer), unter dem die Aschenurne eines der wilden Häuptlinge begraben liegt, welche Sie in der Chronik des Hartknoch von Passenheim leibhaftig abgebildet gesehen haben. Da wird sich die bunte Badewelt alsbald vorübertummeln, denn sobald die Nachmittagssonne scheint, kommt Alles in Bewegung, um „eine Partie zu machen" in den Forst nach Warnicken, nach dem Leuchtthurm von Brüsterort, nach Wilhelmshorst und dem Hausenberg, nach Kram und den Katzengründen. Der Weg bedeckt sich bald mit Staubwolken – Wagen fahren hinter Wagen, selten eine städtische Equipage, denn das Fuhrwerk wird für das Bedürfniß des Augenblicks von dem Fischer und dem Ackerbauer gemiethet. Vier kleine Thiere unsaglicher Race, kaum für den Naturforscher bestimmbar, ziehen da einen sechsgesäßigen Leiterwagen von gleichfalls unsaglicher Einrichtung, auf dem zwölf oder zwanzig Badegäste in der heitersten Verwirrung Platz genommen haben. Hogarth würde es nicht verschmäht haben, eine solche samländische Landpartie darzustellen, oder eine Cavalcade von jungen Damen zu malen, welche hier die ersten verschämten Studien in der Emancipation machen, in dem sie ihren Strandklepper tummeln oder, von ihrem Cavalier am Zügel geführt, vorsichtig traben lassen. Ein zum Theil phantastisches Costüm erhöht den Reiz dieser Scene. Das Strandleben ist für den Königsberger zugleich sein Carneval, wo er urplötzlich die Lust verspürt, sich zu verwandeln. Die Garderobe wird mit Einem Schlag geändert. Frack, Atlasweste, Seidenkleid, Kastorhut bleibt im städtischen Schrank hängen. Die Familienmutter packt das abgetragene Zeug der Familie zusammen, denn „das ist gut genug fürs Land". Ihrem besten Freunde, dem Rentier Goldmayer, den Sie noch vor acht Tagen in die Oper haben fahren sehen wie einen Marquis, begegnen Sie am Strande als einem ruinierten Mann wieder. Er trägt einen fallirten Comptoirrock und äußerst bankrotte Hosen, denn das ist gut genug fürs Land. Madame Goldmayer, welche Sie in der Kunstausstellung im blendenden Staate die Propyläen von Athen bewundern sahen und vor der lebendigen Griechenstaffage ausrufen hörten: „Welch ein munteres Völkchen, die Propyläen!" – Madame Goldmayer, die alle durchreisenden Künstler in ihrem Salon versammelt, trägt am Strande einen schlichten braunen Kamelot und abgetragene Glacéhandschuhe; aber ihre interessante, schöne Tochter ist blaßroth gekleidet, und ein allerliebster Schäferhut mit flatternden Bändern sitzt keck auf ihrem Köpfchen. Die Alten maskirt die Oekonomie, die Jungen die Romantik. Der Commerzienrath wird zum Robinson, der Professor zum Diogenes, der junge Regierungsrath zum Rinaldo, der Gymnasialdirector zum schönen Schweizerbuben, der Pastor zum wilden Mann, einen ungenähten Rock auf dem Leibe und einen Baumast in der Hand, und Dichter und Maler lassen sich von weißen Händen Rosen um den Hut winden und blühende Haide.

Der fröhliche und gesunde Sinn der Königsberger wirft alles städtisch Förmliche ab inmitten der Natur. Nicht wie die großen Residenzen ist die königsberger Gesellschaft durch raffinirte Cultur verschroben. Was alle Fremden an unserer Stadt rühmen, offene Gastlichkeit, ein herzliches Entgegenkommen und die frischeste Familiarität, das ist der bleibende Charakter des königsberger Volkes. So hat auch das Leben in den samländischen Bädern überall denselben Charakter der urfrischen Natürlichkeit und der Familiarität. Fremde Elemente, Aristokratie, Ausländerei sind noch nicht hineingekommen. Das auf der entferntern kurischen Nehrung gelegene Kranz steht allein in dem Rufe einer steifen Gesellschaftlichkeit. In den samländischen Bädern bildet in der That Alles eine große Familie. Die Gäste kennen einander seit Jahren und finden sich als Bekannte in einer Gegend wieder, welche das Heimatliche mit dem Fremden angenehm verbindet. Der Einfluß einer reizenden Gegend, eines gemeinschaftlichen Vergnügens (denn Kranke gibt es dort fast gar nicht mehr) und eines erlösenden Naturlebens eint die Gesamtheit und verwischt selbst die politische Partei. Der samländische Badesommer ist ein großes königsberger und nur bürgerliches Familienfest. Die meisten Gäste sind aber auch Königsberger, denn nur eine kleine Zahl findet sich aus den Provinzialstädten ein. Freilich setzt sich auch die unausbleibliche Philisterei in den einzelnen Orten als sogenannter Stamm fest, in kleinen Familiengruppen, die ihre stereotypen Neigungen haben, was einen ergötzlichen Gegensatz zu dem Ganzen bildet. Es gibt auch Familien darunter, die als Eßkünstler berühmt sind und welche die Natur nur als das mit Blumen verzierte Tischtuch gebrauchen, auf dem sich der Kapaun mit Urbehagen verzehren läßt.

Begleiten Sie mich nun in den ersten und größten Badeort des nördlichen Samlandes, nach Neukuhren. Unter den Baderepubliken beansprucht diese die Hegemonie, weil einige Hundert Menschen darin zusammenkommen und die Menge überall auch die Macht ist. Die Lage dieses von Fischern und Ackerbauern bewohnten Dörfchens ist sehr schön. Es liegt hart auf dem Ufer, dessen malerische Partien hier beginnen, auf einem Berge, von dem man die immer schöne Aussicht auf das Meer und seine bewaldeten Gestade genießt. Die sogenannten Curhäuser, einfach und nicht ohne Geschmack gebaute zweistöckige Gastwohnungen, stehen in einem Garten unmittelbar auf dem Ufer, von dem eine kunstlose Treppe zur Badestelle hinunterführt. Der Badeapparat besteht dort in einer Reihe von strohernen Buden und in einem Badestrick, der etwa dreißig Fuß weit an Pfählen in die See geleitet ist. Der freie Gartenplatz zwischen den vier Curhäusern ist zu allen öffentlichen Vergnügungen bestimmt. Unter den samländischen Badeörtern ist gerade Neukuhren das Eldorado der jungen vergnügungssüchtigen Welt. Der königsberger Student, der Referendarius und der junge Kaufmann geben hier den Ton an, welcher immer einen Anstrich von familiärer Gemüthlichkeit, von burschikoser Ausgelassenheit und von flacher Aeußerlichkeit hat. Die jugendliche Gesellschaft erzeugt sich dort sogar eine specifische Localsprache und kuhrener Nationalgesänge, welche die Begeisterung aus einer Punschbowle geschöpft hat. In jeder Badesaison wird ein neues Gesellschaftslied zur Nationalhymne gestempelt, und man hört diese kuhrener Marseillaise bei jeder Gelegenheit, wo sich das junge Volk lustig macht. Man wählt übrigens einen Rath der Lustbarkeit, meist aus jungen Leuten, welche in den Künsten der Courtoisie bewandert sind. Diese Meister des Vergnügens sind die Götter der unauslöschlichen Heiterkeit und die Gesetzgeber der Freude, unter allen Gesetzgebern wol die glücklichsten. Sie beginnen ihr Amt damit, daß sie vor allen Dingen eine Musikbande, eine samländische Dorfkapelle, für die Badezeit miethen. Sie hat ihren Sitz unter einem wilden Birnbaum, wo sie Mittags das Andenken Mozart's, Beethoven's und Haydn's auf höchst eindringliche Weise verherrlicht, Abends aber, sobald Hesperus über die See kommt und die Talglämpchen in den Bäumen glimmen, zum Tanz aufspielt. Regelmäßig tanzt dort die Jugend alle Abend unter dem Birnbaum auf der nackten Mutter Erde, in ländlicher Losgebundenheit, den Kornblumenkranz im Haar und die blühende Lust auf den Wangen – das naivste und frischeste Genrebild, das man sehen kann. Aber es gibt auch bisweilen ein vagabondirendes Theater, wobei das junge Publicum die Schauspieler durch Dazwischenspiel zu persifliren pflegt, eine Jongleurproduction, ein Feuerwerk, eine Darstellung von lebenden Bildern, welche irgend ein junger königsberger

Maler arrangirt. Dies muntere Völkchen hat auch seine genialen Anwandelungen.

In diesem Sommer besuchte Kiß den samländischen Strand. Er stellte eben die Reiterstatue Friedrich Wilhelm's in Königsberg auf. Die Badewelt von Kuhren beschloß, den Meister der Amazone, den Heros der londoner Industrieausstellung auf das feierlichste zu empfangen und sogar zu krönen. Ein Lehrer eines Provinzialgymnasiums wurde also dazu gewonnen, in Anbetracht und in Erwägung seiner classischen Bildung, ein solennes Carmen zu verfassen. Der liebenswürdige Mann sperrte sich zwei Tage in sein Zimmer und citirte hinter den verschlossenen Laden Homer, Pindar und die Tragiker. Endlich erschien er am Tage des Empfangs, wie Mohammed aus der Höhle, und hatte sein Gedicht fix und fertig in der Hand, classische Distichen von schwerem Kaliber und für die Gelegenheit ganz wacker gedichtet. Der halbe Strand war auf den Platz von Kuhren geströmt, dieser Huldigung der Bildhauerkunst beizuwohnen. Unter der Vorhalle des Haupthauses saß die Damenwelt wie eine *Cour d'amour;* hoch auf der capitolinischen Gasthaustreppe stand wartend der Festredner, im Begriff, seine Distichen spielen zu lassen, wenn der große Bildhauer erscheinen würde. Gegenüber stand auf einer andern Treppe die Musikbande mit erhobenen Fagotten, Trompeten und angesetzten Violinen, kaum noch zurückzuhalten, daß sie nicht in die Instrumente raste. So stand sich gegenüber eine ganze sprachlose Stunde lang unter dem blauen Himmel Poesie und Musik, die schwesterliche Bildhauerkunst erwartend. Selbst die Vögel saßen stumm und neugierig auf den Bäumen, die Lüfte schwiegen, das Meer lag in schauerlicher Erwartung, und die beiden jungen Mädchen, welche Lorbeerkranz und Carmen auf seidenen Kissen vor sich hielten, saßen da, verschmachtend wie das heimliche Sehnen und die heimliche Liebe, von der Niemand nichts weiß. Auf einmal ein Posthorn hinter dem Garten – voransprengende Reiter mit Fahnen, das einholende Geleit, eine Equipage – Kiß! Die Musikbande fiel in die Instrumente wie grimme Leuen, die lange Hunger zwang, der Dichter schleuderte seine Distichen gegen den Wagen, Kiß, ein freundlicher alter Herr mit der weiblich-sanften Physiognomie Ole Bull's stieg aus und neigte an der capitolinischen Treppe sein Haupt in Demuth. Der Dichter perorirte, die kranzspendende Leonore war verwirrt; sie fand nicht die Krönungsschädelstätte auf Kiß' ehrwürdigem Haupte; aber sie half sich in einer verzweifelten Inspiration und hing ihm den Lorbeerkranz auf das Ohr, wie auf einen Nagel an der Wand. Tasso-Kiß lächelte, er schob den Kranz zurecht und sprach die große Phrase: „Nicht mir, dem Meister gebührt der Kranz." Er umarmte den Redner und theilte Rosen unter die Damen aus, die Musik jauchzte in die Trompeten, man ordnete einen Zug und führte den liebenswürdigen Meister im Triumphmarsch um den Gartenplatz.

Wir gehen nun durch das Dorf, vor dessen Häusern die Badegäste ihre Nomadenzelte aufgeschlagen haben. Am äußersten Ende steigt die Fahrstraße einen Hügel herunter in einen Hohlweg, hart am Meer, wo ein Geländer vor dem Absturz sichert. Von der Landseite zu hängen über den Weg grüne Berge mit schwankenden Birken und schäferlichen Buchen. Dort oben auf dem Ufer steht ein Bänkchen, das eben nur Raum hat für einen samländischen Romeo und seine Julia. Wenn der Mond durch die Birken scheint, finden Sie dort stets irgend ein hold verschlungenes Liebespaar die älteste Scene aus der Weltgeschichte wiederholen, welche jeder Maler einmal gemalt und jeder Dichter einmal besungen hat. Setzen wir uns auf dieses Bänkchen. Die Sonne ist eben ins Meer gesunken, Wasser und Küste hat sich in Violett getaucht und die Welle blinkt verstohlen durch die Uferbirken. Wollen Sie sentimental werden? Dies ist der rechte Ort und die rechte Stunde. Sehen Sie, dort drüben liegt Lappland. Die schöne Velkog, die weiße Lilie des Schnees, und der schwärzliche Anund sitzen eben am Feuer, wo der Thrankessel kocht, und die Liebe und die Flamme scheinen auf ihren Gesichtern wieder. Wissen Sie, warum ich an Lappland denke? Als ich im vorigen Jahr hier am Strande saß und über das Meer nach Norwegen hinüberdachte, brachte mir der Postbote just einen Brief. Er kam aus Lappland nach dem Samland, aus Likselö unter dem Polarkreise; es hatte ihn mir nicht die schöne Velkog geschrieben, die weiße Schneelilie, sondern ein naturforschender Freund. Er saß dort auf einem Granitblock und schrieb, während betrunkene Lappen um ihn her lagen und eine herzerquickende Hymne auf den rumspendenden Gastfreund quäkten. Seitdem fiel mir am Baltischen Meer unzählige mal Heine's Vers ein:

> In Lappland sind schmuzige Leute,
> Plattköpfig, breitmäulig und klein,
> Sie kauern ums Feuer und backen
> Sich Fische und quäken und schrein.

Heine wird man nicht los, so oft man in das abendliche Meer sieht. Er hat eine wahrhafte Meerseele, wie eine krystallhelle Sirene und wieder wie ein unfläthiger Seehund. Doch der Mond glänzt schon im Walde drüben. Sagen wir dem Plätzchen und dem Meer Lebewohl und wandern wir durch den Thau der Nacht, vorbei an den Hünengräbern, in den dunkeln Buchenwald hinein, längs des Wildbachs, der durch Gestrüpp sich seinen Weg bahnt. Der Glühwurm flimmt in den Büschen – sparsam legt ihn hier die Natur wie ein köstliches Juwel für den beglückten Finder in das Gras, daß man am Seltenen stillstehe und das Herz erlabe. Am Himmel schießen die Sternschnuppen. Sie müssen wissen, heute ist Sanct-Laurentiustag und da fallen die Sterne. Des Morgens findet sie der Fischer am Strand als Meerquallen; denn die hält er für geschneuzte Sterne. Das Käuzlein schreit und der Mond versteckt sich hinter den Wolken. Ich will Sie in dieser träumerischen Stille mit einem Lied von Lenau unterhalten; wenn ich in solcher Nacht umherschweife, muß ich oft an ihn und Meidling denken, wo sie ihn nun begraben haben. Es hat Keiner vor ihm so seelentief gesungen von der unergründlich schönen Nacht und dem Mondlicht auf der Haide. Doch still! Ein Lied schallt aus der Ferne. Ein samländischer Hirtenjunge singt auf den Bergen: „Morgenroth, Morgenroth, leuchtest mir zum frühen Tod". Das Lied ist das allgemeine Volkslied der samländischen Jugend. Die Kinder lernen es in den Schulen und gleich einem Vogel hat es sich in diesen Bergen eingenistet, welche es wie die idyllische Hirtennatur von Schwaben anheimeln. Ich habe mich oft auf diesen Bergen und in diesem Thalgrunde, wo die Heerden weiden, zu den Hirtenkindern hingelagert und einen Gesang von ihnen erbeten oder erkauft. Ich wollte mir ein paar samländische Volkslieder erlauschen, aber jedesmal hörte ich mit heller Kehle anheben: "Morgenroth, Morgenroth, leuchtest mir zum frühen Tod; bald wird die Trompete blasen, muß ich gleich mein Leben lassen, ich und mancher Kamerad". Diese Liederarmuth hat etwas Rührendes. Dank sei Hauff, daß er mit diesem ergreifenden Gesang auch unser Land beschenkt hat.

Im Wald wird es nicht mehr geheuer. Der gespenstige Mond zieht die weißen kalten Nebel auf, in denen die Kobolde tänzeln, und ganz umsponnen hat er sich schon mit einem Leichenschleier. Es ist kalt, gewinnen wir das freie Feld und das heimische Dörfchen.

Ich mache jetzt von der Gewalt Gebrauch, welche dem Dichter über alle Gestirne verliehen ist, und lasse es Morgen werden. Der Sonnenball steigt aus dem Meer – Licht, Luft und Lerchenjubel! Wir aber stehen wieder auf der Landstraße. Der Blick über die strahlende Meeresfläche, über das gelbe Ufer mit seinen schwarzen, umgestürzten Fischerkähnen, über die Haideberge und auf den dunkeln Forst im Hintergrunde ist sehr schön. Vor uns liegt ein Dörfchen, dessen Hütten schon rauchen. Es heißt Lapöhnen. Seit Jahren hat es seinen stehenden Charakter. Dort wohnen meistens nur die Stillen im Lande, die königsberger Pietisten, die Nachzügler des Zacharias Werner und des Pastors Mayer, welcher einst in einem weißen Laken mit Katzenschwänzchen gen Himmel fuhr, Bibeln verschlang, um sich visionär zu machen, und mit Pistolen von der Kanzel schoß. Es gibt eine Ironie in allen Dingen, die, meine ich, welche die Dinge ihrem Begriff gemäß zu localisiren pflegt. Die stille Gesellschaft trieb der Instinct in dies Dörfchen, welches allein unter den Dörfern dieser Küstenstrecke eine öde Umgebung hat. Doch der Blick über das Meer ist schön und weit, wie der in das himmlische Jenseits. Am Eingange von Lapöhnen sitzt zu jeder Tageszeit ein geisteskranker Bursche mit blonden Haaren und vertrübten Augen, am Zaun zusammengekauert, die Sphinx vor diesem Theben. Er streckt seine Hände aus und stammelt weinerlich: Einen Groschen! Einen Groschen! Geben wir dem armen Besessenen einen Groschen und gehen wir vorüber. Dort oben auf dem Berg steht schon der Prediger im langen schwarzen Rock, wie ein langer schwarzer Erzengel mit Flügeln der Morgenröthe an den Schultern, und spricht sein Halleluja zur Sonne, welche da still stehen blieb im Thal von Gibeon, da der Herr dem Josua in die Hand gab die Philister, die Kinder Ammon und die Kinder Moab. Und hinter uns ruft es: Einen Groschen, einen Groschen! aber vor uns her jubilirt die Lerche, das Meer wiegt sich in Wonne, die wilde Malve duftet, und drüben, nur tausend Schritte weit, rauchen gastlich die Schornsteine meines mir heimisch gewordenen Dörfchens.

Kommen Sie zu trefflichen Menschen und freundlichen Gesichtern und zu einem saubern Frühstück, welches im bekränzten Zelt servirt ist und so gastlich gespendet wird, wie der braune Mokkatrank im Zelt des Arabers.

Das kleine Fischerdorf, das mich so manchen Sommer beherbergt hat, heißt Sassau. Es ist das kleinste der ganzen Gegend, aber in überaus anmuthiger Umgebung und der Sitz weniger Familien, welche Natur und ein zurückgezogenes, heiteres Leben lieben. Das bescheidene Dörfchen ist der angenehmste Familienaufenthalt im Samlande. Zwölf Fischerhäuser und Bauerngehöfte stehen da im Kreise auf einem Hügelgelände, zum Theil in Gärten, wo der sauere Apfel und die sauere Kirsche reift. Mitten innen liegt ein Teich, eine trübe Lache – es ist ein komisches Bild von concentrischen Gruppirungen. Auf dem Teiche schwimmen die Gänse, um den Teich liegen die Schweine, welche der Dörfler an Pflöcke gebunden hat, um die Schweine her spielen die Kinder, dann folgt der Kranz von Hütten mit ländlicher und städtisch-ländlicher Staffage. Die Gegensätze zwischen dem culturlosen Menschen in seinen ältesten und rohesten Beschäftigungen und dem Menschen der Gegenwart und ihrer kosmischen Gedanken sind ergötzlich schneidend.

Sehen Sie, dort unter den Bäumen sitzt ein junges Mädchen mit schönen braunen Augen, den „Hyperion" oder die „Consuelo" in der Hand, zwei Schritte von ihr wälzt sich das borstige Schwein, und frank und frei straft das Fischerweib den zweijährigen Jungen ab, der nichts am Leibe hat als ein entsetzlich schwarzes Hemd; eine Gänsemarjell (Marjell ist ein mundartliches Wort und heißt kleines Mädchen) jagt die schnatternden Gänse auf die Weide, eine Ruthe in der Hand; dort sprengt halbnackt ein sechsjähriger Roßjunge, ein wahrer Csikos, im sausenden Galopp durch das Dorf nach dem Roßgarten. Vor der Thüre jenes Häuschens, das unmittelbar ans Kornfeld stößt und worin der Philosoph Karl Rosenkranz wohnt, ist eine quäkende Fischerfamilie um das misriechende Fischfaß beschäftigt, die Dorsche auszuweiden. Dort drüben sehen Sie eine andere höchst lebhafte Gruppe. Die Bauern sind auf dem Gehöft des Schulzen versammelt. Dort schüttet man aus Körben unglaublich große Bernsteinmassen, die aus den Strandgruben heraufgebracht sind, in Wasserzuber und wäscht sie von der Erde rein. Der Bernsteinjude, unter den blondhaarigen Fischern Samlands ein doppelt auffallender Fremdling mit seinem schwarzen Bart, mit den scharfen Zügen des Orients, den furchtsam vigilanten Augen und den beweglichen Händen, steht an der Bütte und wacht über den Wäscher, daß er nicht ein köstliches Stück beiseite bringe. So steht in Brasilien am Cujaba der Wächter auch und paßt mit denselben furchtsamen Augen auf den Negersklaven, der aus der Dammerde die Diamanten aufwühlt und in dem Korbe wäscht. Einst trieben hier, wie man sagt, die Phönizier den Bernsteinhandel, jetzt treiben ihn ihre Verwandten, die Kinder Israel – das Geschäft blieb in der Familie. Der blinkende Bernstein hat etwas ungemein Anlockendes, und wie sollte er es nicht für den märchenhaften Sinn der Orientalen haben, welche sich so gern mit Dem schmücken, was das geheimnißvolle Meer spendet, mit der Perle Arabiens, mit der Muschel von Ceylon, der Koralle von Hindostan und der Bernsteinschnur vom Samland. Eben hebt der Wäscher ein funkelndes Stück Bernstein aus dem Zuber, es ist vom reinsten Blaßgelb, köstlich an Werth, groß wie eine Mannsfaust. Ich möchte es haben, einer schönen Freundin es zu schenken; aber es kostet ein paar Hundert Thaler. Die schlanke Zuleika, die Favoritodaliske des Omer-Pascha, wird es über's Jahr als Toilettenkästchen neben sich stellen, gefüllt mit dem persischen Rosenölfläschchen, wenn sie unter den Terebinthen von Damaskus liegt, die Mandoline im Schoos, und mit verliebten Augen einen Blumenstrauß entziffert. Der Phönizier schmunzelt und schließt das Stück schnell in den Kasten, zieht den Schlüssel ab und steckt ihn sorgsam in seine schmuzige Tasche. Man muß wissen, daß der Bernsteingewinn nicht mehr wie früher durch den Staat betrieben wird, sondern daß die einzelnen Dorfschaften jetzt das Recht haben, auf ihrem Territorium gegen eine Pachtabgabe den Bernstein zu fischen oder zu graben. Zu diesem Zweck machen sie mit dem Händler einen Pact.

Die Gesamtsumme des gelösten Geldes vertheilen unter sich die Bauern nach dem Maß der Arbeit. Im Durchschnitt gewinnt jeder aus der Bernsteingrube einen Ertrag von 100 Thalern; dazu kommt noch der Gewinn der Bernsteinlese aus dem Tang und der Bernsteinfischerei mit dem Schöpfnetze.

Begleiten Sie mich zu den sassauer Bernsteingruben (natürlich sind sie nicht die einzigen der Küste). Der Weg führt durch ein anmuthiges Thal, welches nach der Landseite zu malerische Bergpartien abschließen, über einen Bach, die weißen Sanddünen hinauf. Wir halten hier an und blicken auf ein seltsames Schauspiel hinunter, auf ein offenes Bergwerk hart am Meer. Das Sandufer ist vom obersten Rande senkrecht 100 Fuß hoch abgegraben. Die steile weiße Wand flimmert wie eine polirte Marmorfläche, mit gelben, schwarzen, schneeweißen, rothbraunen Adern und Schichten – unten ein Gewühl von Arbeitern, von Männern, Weibern und Kindern. Ein Theil gräbt noch in die Tiefe, um auf die schwarze Bernsteinerde zu kommen; Andere karren den ausgegrabenen Sand, in langen Reihen hintereinander, auf dem Bretterstege bis ans Meer, wo die Karren umgestürzt werden und die ausgeworfene Erde bereits einen hohen Wall gebildet hat, welcher gegen das Andrängen der Nordflut schützt. Der Aufseher sitzt vor seiner Strohbude. Die Gruppen geben ein höchst malerisches Bild, zu welchem Himmel, Düne und Meer den

Rahmen bilden. Die rothen Kopftücher der Weiber, die weißen Hemdärmel, der blaue oder grüne Wollenrock bringen bunte Farben in dies Gemälde, und in manchem herculischen Fischer mit seinen nackten muskulösen Armen, die knarrende Karre schiebend oder den Spaten einsetzend, möchten Sie einen Masaniello des Nordens erblicken. Wenn die Vesperstunde kommt (das Avemariaglöckchen hört man freilich nicht) und sich die Gruppen lagern, gibt das pittoreske Bild, von oben beschaut, einen gar schönen Anblick. Sehen Sie, dort weiterhin ist das Strandbergwerk bereits vollendet und der Bernstein wird schon aus dem Humus gegraben oder vielmehr gestochen; vorsichtig setzt der Gräber seinen langen Spaten ein, dessen Eisen nur einen Zoll breit und etwa sechs Zoll lang ist; er durchsticht langsam die Erde, um den Stein abzulösen, der freilich oft genug zerstoßen wird.

Das bunte Leben scheint sich heute an dieser Stelle zu concentriren; dort weiterhin kämpfen eben Fischer mit der Brandung, ihre mit vollen Netzen beladenen Kähne ans Ufer zu bringen. Sie haben Flundern und Dorsche, den gewöhnlichen Fisch jener Küste, gefangen, auch wohl einige Störe und wenige Butten. Die Kähne werden an den Strand gezogen und die Fische zum Theil auf der Stelle ausgeweidet, wobei die fernwitternde Krähe mit Geschrei herbeigeflogen kommt, die Fischeingeweide vom Sande aufzulesen.

Von dieser Uferstelle betrachtete ich am 28. Juli 1851 das großartigste Schauspiel, das ich in meinem Leben sah. Ich war mit einer kleinen Gesellschaft die Düne hinaufgestiegen. So weit das Auge reichte, sahen wir die Ufer und den über das Land ragenden Karlsberg bereits mit einem Menschengewühl bedeckt. Das waren Sonnenanbeter, welche zu diesem Meer pilgerten, die Broschüre des Dr. Busch, des Directors der königsberger Sternwarte, in der Hand und das gebräunte Glas und die Uhr in Bereitschaft. Wir setzten uns auf die höchsten Ufervorsprünge; die Damen fragten nach dem Mond, wo er denn eigentlich stehe, nach dem Mondschatten, der direct über See von Schweden kommen und wie er denn aussehen werde, wie ein Nebel, oder wie ein Geist, oder wie die leibhaftige ägyptische Finsterniß. Ich setzte neben mich zwei blonde Fischerkinder und einen schwarzen Hund, um an Kind und Hund die Wirkung der Sonnenfinsternis zu betrachten. Die Kinder lachten und der Hund bellte, das war die Wirkung auf die drei unschuldigen Gemüther. Endlich schob der Mond seinen äußersten Rand gegen die Sonnenscheibe; die Spannung stieg von Minute zu Minute. Die Physiognomie des Himmels, der See und des Landes verwandelte sich seltsam. Das Meer verschleierte sich in einen grauen Duft, Düne und Uferstrand erstarben allgemach in einem geisterhaften Schein, indem die Büsche und Figuren lange Schatten warfen. Das Land mit seinen Hügeln, seinen Dörfern und Thälern tauchte sich in ein immer matter werdendes Übergangslicht, in einen Dämmer, etwa wie Wintersonnenschein und gespenstiger Mond. Die Natur bekam Kirchhofsgedanken und die fahlen Menschengesichter auch. Ich warf einen Blick in die Bernsteinwerke hinunter. Diese Sklaven der Frohnarbeit karrten noch ihre schrillenden Karren, aber sie glichen nun den Arbeitern aus Dante's Hölle, die im bleichen Dämmerschein ihre Lasten vor sich her wälzen. Plötzlich ein Ach! aus Aller Munde und das Schluchzen einer Dame. Der Mondschatten bedeckte uns, der blaue Himmel wurde Nacht, und rings über der See und dem Lande entglomm der Horizont in einem schwülen Feuerdampf. Die schwarze Mondscheibe hing am Himmel, eingefaßt von einem magischen Strahlenschein, von Flammenbüscheln, welche aus der bedeckten Sonne stiegen, eine wunderbare Weltkugel, ein unbeschreibliches Phänomen, ein durch die Himmel schwebender Gott, der sein Haupt verhüllt hat und in die Finsterniß weint. Aber tröstend blitzt das Sternlein auf, ein blaues helles Licht neben dem düstern Mond, Venus, der Stern der Liebe, herbeigelockt von der Nacht und dem bangen Menschengemüth, *l'amor che muove'l sole e l'altre stelle*. Dort auch erwachen Kastor und Pollux, die beiden Zwillingsbrüder, und nordwärts steigt herauf Mercur, der lichtverkündende Bote, und südwärts selbst kommt der alte rettende Gott Jupiter allgemach heraufstrahlend.

„Wie still und weit sind diese Welten!"

Es ist, als stände man im Hades und als müßte man den Lucifer sehen, wie er den Kain durch die unermeßlichen Räume führt. Solche dämonische Pracht und solche schauerlich schöne Stimmung der Natur wiederzugeben vermag nur, wer selbst den Hades sah, Aeschylus, Dante und Byron. Es gibt große Menschengemüther, in denen das Universum sich so abspiegelt, Himmel, Erde, die verfinsterte Sonne und die herabtröstenden Sterne, grauenhaft und doch so schön beleuchtet. – Ein strahlender, siegender, triumphierender Sonnenblick – und die Magie war verschwunden. Das Selbstbewußtsein und die Kritik gingen wieder auf. Wir stiegen die Düne herab ins Dorf. Ein Fischerweib erzählte uns voll Angst, daß sie geglaubt habe, der Jüngste Tag und der Antichrist sei gekommen, und daß die Gänse schreiend vom Felde und die Vögel gegen die Fenster geflogen wären. Stumm zerstreute sich die Gesellschaft.

Eines Tages machte ich mit meinen Freunden einen Spaziergang ins Land hinein. Wir gingen auf dem sandigen Fahrwege zwischen Kornfeldern nach einer kleinen Dorfhaide (Palwe). Ein wunderliches Etwas hart am Wege zog unsere Aufmerksamkeit auf sich; es war ein mit Weidengeflecht nach Gärtnerweise bestecktes Rasenstück. Auf ihm lagen Papiere und aufgeschlagene vergilbte Bücher, ein sonderbares Lesepult irgend eines Philosophen der Landstraße. An einem Stab hing eine hölzerne Büchse und darüber ein Placat. Wir lasen: „Hochgeehrte Reichsgrafen, Grafen und Barone, hochgeehrte Herren, ach! wie schrecklich war es doch, als die Christen mit Pech und Stroh bewickelt in den Gärten des Nero brannten; was haben sie da für Pein ausgestanden! Gehen Sie nicht vorüber, schenken Sie mir ein Buch." – Fürwahr, das ist seltsam. Das ist der arme Thoms, der studirt hinter dem Busch Kirchengeschichte oder Gutzkow's „Nero". Es war Niemand zu sehen. Vielleicht schlief der Thales Samlands in einem Graben und ließ derweilen die grauen Erdmännchen weiter studieren und den Wind die Bücher umblättern, die ja auch Wind sind. Ich nahm einige Bücher von diesem echt philosophischen Studirpult aus Sand und Gras unter dem lieben Himmel und der warmen Sonne (so ein Pult wäre sehr zu empfehlen den Transscendenzphilosophen) – eine alte Beschreibung von Italien, großväterlich erworben, Blanc's „Wissenswürdigstes", eine Geschichte der Märtyrer, Aufsätze über religiöse Fragen. Endlich entdeckten wir den armen Leseteufel. Ein schüchterner flachshaariger Junge in schlechten Kleidern, etwa vierzehnjährig, kam hervor. „Was soll dies? Wer bist du?" Schluchzen war die Antwort. „Wer bist du, Kind, und was soll dies bedeuten?" – „Ich heiße Klaus – ich bin aus dem Dorfe drüben und mein Vater ist ein armer Schneider – ich möchte was lernen – aber ich hab' kein Buch." „Was möchtest du denn in der Welt werden?" – „Schulmeister, Herr!" – O Schulmeister, das Ideal dieser armen, wissenshungrigen Proletarierseele! Der arme Klaus war vernünftig; was wie Überspanntheit aussah, war nur die Qual des dunkeln Triebes und seine Katechismus- und Religionsüberfütterung in der Schule, das Einzige, womit man die Köpfe der armen Jungen zu füllen pflegt. – „Wo bist du in der Schule gewesen?" – „In Sanct-Lorenz, Herr, beim Schulmeister, und der Herr Pfarrer hat mich confirmirt – ich war schon fürs Seminar notirt, aber sie haben mich nicht hingebracht." – "Was willst du für ein Buch haben?" – "Die Bibel!" – "Guter Klaus, die Bibel taugt nichts für dich, die hat dir schon den Kopf verdreht; wir werden dir andere Bücher schenken, woraus du etwas lernen sollst. Komm morgen zu uns, wir werden dir zu helfen suchen." – Wir gingen nach Sanct-Lorenz in das Haus des Schulmeisters. Der alte Mann saß mitten in seiner Stube am Tische und schrieb auf das Papier gebückt und mit großer Emsigkeit und feierlichem Amtsgesicht. Wir fragten ihn nach Klaus. "Ja", sagte er, "er ist ein guter Junge und sehr fleißig, aber dieser Junge ist kein tiefer Denker. Er wäre auch Schulmeister geworden, doch, Sie wissen, ein Schulmeister muß musikalisch sein und sein Lied zu singen wissen. Nun aber kann der Junge, der Klaus, keinen Ton herausbringen. Ich habe ihn ein wenig auf die Gärtnerei einstudirt." – Dieselbe Auskunft gab uns der Pfarrer von Sanct-Lorenz. Also, armer Klaus, dein Loos ward geworfen; weil du kein tiefer Denker, nicht musikalisch bist, kannst du nicht Schulmeister mit zwanzig Thalern Gehalt fürs Jahr werden, sondern sollst ein lebenslustiger Gärtner sein. Er kam andern Tags zu uns, wir gaben ihm Bücher (ein Professor hatte ihm schon eine Bibel zugesteckt) und die Aussicht, ihn in einer Grätnerei unterzubringen, was er mit Freude annahm. Wenn er doch am Ende ein tiefer Denker ist, wird er sich auf die Naturwissenschaften legen, und Sie werden ihn nach fünfzehn Jahren eine chinesische Flora herausgeben sehen, wenn nämlich die Mandschutartaren-Dynastie Tsing gestürzt und China der Forschung wird geöffnet sein.

Wir steigen jetzt die sassauer Hügel hinauf, um das nahegelegene reizende Dorf Rauschen zu betrachten. Es ist nach Neukuhren der größte Badeort dieser Gegend. Hohe Sanddünen und buschige Berge trennen es von der See. Es liegt tief in einem Sandkessel und auf dem Abhange der Seeberge, an einem malerischen, weithin gezogenen Teiche, in dem sich die Häuser und die Berge spiegeln. Nach der Landseite zu steigen die Berge hoch an; lilafarbige Haide blüht auf ihnen. Berg und schmaler Teich geben dieser Partie einen überraschend fremden, fast schottischen Charakter. Ich sah weder in Ihrem schönen Thüringen noch im Harz eine so ganz schäferlich-romantische Gegend; zumal wenn der Abendduft um die Höhen flimmert und der Hirt die Heerden von den Bergen treibt, oder wenn im Mondlicht die Nebel auf dem Teiche tanzen, gewährt Rauschen einen entzückenden Anblick. Ein Hohlweg, über dem Tannen stehen, führt zum Eingang des Dorfes. Dort liegt das kleine Gasthaus, schon in der Ferne erkennbar durch sein Dach von getheerter Pappe und seine weißen Wände. Unmittelbar hinter ihm erheben sich waldige Berge; ein klarer Quell rauscht da hervor, fällt in den Teich und treibt ganz in der Nähe eine Mühle. Unter der Linde am Mühlenteiche pflegen sich die Badegäste Abends zu versammeln, Mittags findet man eine zahlreiche Gesellschaft vor dem Gasthause, wo ein öffentliches Zelt von Laub zum Frühstück oder zu einer Partie Domino oder Schach einladet. Die Wirtschaft ist echt dörflich. Im Saal wird an offener Tafel gespeist, am Instrument gesungen, an gewissen Tagen eine Tanzsoirée gehalten; bei 30 Réaumur springt da das junge Volk in einer unsäglichen Dampfatmosphäre zur schrillenden Geige und zu Hyon's Horn. Die Jugend bildet in Rauschen, wie freilich fast überall, einen anarchischen Staat. Musikalischer Dilettantismus treibt hier seine Blüten; dies ist eine glückliche Durchbrechung des sonst ziemlich materiellen Vergnügens und der pedantischen Elemente. Denn Rauschen ist das Asyl der Professoren, der Pastoren, der Gymnasialdirectoren, der Beamten und des ganzen unseligen Geschlechts der Hieronymus Jobse, welche hier ihre Herbarienseelen vier

Hundstagswochen lang vom feuchten Seewind durchziehen lassen. Alle Tage um 10 Uhr Morgens sieht man sie, das Handtuch um den Leib, mühsam die Dünen emporklettern, unten im Angesicht des keuschen Meeres die Kleider ablegen und in nackter Schöne als Borghese'sche Fechter auf dem Sande spazieren. – Kant und Herbart sind die Schutzheiligen von Rauschen. Sehen Sie, dort kommt ein altes originelles Männchen, ein Secretär oder Actuarius, im altmodischen schwarzen Leibrock mit spitzen Schößen auf uns zugewandelt und ruft von weitem: „*Hospites maritimi,* wollen wir ein wenig philosophieren? *Dic mihi, quid est valetudo?* Kann ein Tisch gesund sein? *Minime!* Gesundheit setzt voraus lebendige Organa. Gesundheit, habe ich dem Dr. Jacoby gesagt, ist die innere und äußere Harmonie eines organischen Wesens. *Sed tamen,* was ist Kraft?" Nun folgt unter dem Applaus der Umstehenden eine haarscharfe Definition von Kraft, Macht, Gewalt, Pflicht, Recht u.s.w. Sehen Sie, das ist ein Bänkelsänger der großen Thaten des großen Kant; denn auch die Philosophie hat ihre Bänkelsänger und ihre Straßenleiern. Aber diese Originale aus der alten Zeit des Kant und des seligen Lampe sterben jetzt allmählig aus.

In diesem Sommer erlebte Rauschen ein seltsames Ereigniß. An einem heißen Mittage sah man von den Haidebergen jenseits des Teichs dichte Rauchwolken aufsteigen. Die Berge brannten. Ein Hirtenjunge mochte ein Feuer angezündet und dies sich selbst überlassen haben. Das Schauspiel war so neu wie großartig. Wir eilten, an den Brand zu kommen. Die Flamme schlug aus den dürren Haidebüschen auf und ergriff knisternd und fressend Gras und Gestrüpp. Der Wind trieb die Lohe weiter und wälzte die weißen Dampfwolken über die Berge – ein samländischer Prärienbrand, aber gefahrlos, denn das Feuer brannte ruhig in einem weiten Kranz, und von der Windseite lagerten sich die Badegäste an den Flammenbüschen, bis das vordringende Element sie zwang, den Platz zu ändern. Ein Forstmann ritt durch den Dampf; er wollte Leute auftreiben, den Brand zu ersticken. Aber Niemand kam; man ließ die Berge bis zum andern Tage brennen. Die blühenden Höhen waren zu phlegräischen Feldern geworden, grauenvoll verkohlt und mit Asche bedeckt. Der Teich von Rauschen versumpft weiter ins Land hinein und endigt in einem waldüberdeckten Grund. Hier in den Wäldern und Bergen gibt es wildverworrene, labyrinthische Partien, die sogenannten Katzengründe, das Ziel mancher lustigen Tagesfahrt der Badegäste. Einer ihrer Theile ist besonders schön. Es ist das weite, von Buchen- und Eichenwäldern umschlossene Thal von Schönwalde und von Kram. Man gelangt dazu vom Waldfahrwege, quer durch den Wald und die malerischen Farnkräuter sich windend, bis man einen Haidehügel mitten in der Wildniß erreicht. Von hier aus blickt man in das reizende Waldthal. Ringsum wölbt sich der dunkle Laubwald, nur belebt von dem schreienden Habicht und dem flüchtigen Reh. Keine Quelle rieselt durch den Grund. Weiße Sandstreifen vertreten die Stelle des Wassers. Wir liegen in der blühenden Erica auf dem Thalabhange und unterhalten uns mit der schlüpfenden Eidechse und mit der Grille, die wir nicht fangen; freilich, dies ist ein Plätzchen von der heimlichsten Melancholie. Sehen Sie den malerischen Hügel dort dicht vor uns. Ein paar grüne Trauerweiden hängen auf ihn herab, und der Rosmarin, die Dunkelbeere und das Farrnkraut umziehen seinen Fuß. Ich weiß nicht, ob ein Hüne darunter schläft. Manchmal baue ich mir in der Phantasie eine Ruine auf irgend einen dieser verlassenen Hügel und betrachte dann, wie sie wol zu diesem Thale stimmen möchte. Doch gleich reiße ich sie wieder ein, denn diese Waldlandschaft würde ihre reizende Geschichtslosigkeit verlieren. Hier darf allein das Waldmärchen wohnen. In dieser stillen Wildniß sangen wir oft:

> Rehlein, du im Wald,
> Komm zur Wiesenaue
> Spielen in dem Thaue,
> Mond herüberwallt
>
> Sicher ist's im Dunkel,
> Denn kein Waidmann lauscht,
> Nur die Buche rauscht
> In dem Lichtgefunkel.
>
> Bald wird's morgenhell,
> Muß das Reh entspringen –
> Jägerhorn thut klingen,
> Kugel, die ist schnell!

Der einsame Grund ist die echte, heimatliche Wildniß für Tieck's blonden Eckbert oder Uhland's Harald. Der Wald wird lebendig. Wir hören jauchzende Stimmen und sehen durch die Bäume Schäferhüte und flatternde Kleider. Das ist eine katzengründliche Partie. Ich kenne sie wohl; es ist der Commerzienrath Strohmian, drei Fräulein Strohmian und die erste, die zweite, die dritte, die vierte Tante Strohmian, jede einen Butterstollen in der einen und einen blühenden Busch in der andern Hand und die sämmtlichen Werke der Gräfin Ida Hahn-Hahn im Leibe.

Schlagen wir uns seitwärts nach der Seeküste zu. Gleich von Rauschen ab westlich fort beginnt das Ufer steil und waldig zu werden. Hier drängen sich die schönsten Gruppen zusammen, Partien, welche Ihnen vielleicht schon aus Abbildungen bekannt sein werden. Tiefe Schluchten, wie sie Rügen nicht hat, zerreißen hier das Gestade und bilden groteske Uferformationen. Zunächst liegt die Gossuppschlucht, ein dichtes Waldgelände mit einer quelldurchrieselten, in das Meer hinabgehenden Kluft, deren eines Ufer sandig ist, während das andere von den schönsten pittoresken Waldgruppen überdeckt wird. Von hier wandert man immer hart am Ufer durch einen Wald nach dem einsam gelegenen Waldhäuschen. Überall gibt es hier Schluchten und Ruhepunkte am Ufer unter Tannen und Eichen, von wo aus man einen herrlichen Blick auf das Meer und das ausgebuchtete Gestade genießt. Dann führt der Küstenweg nach der Schlucht von Georgenswalde. Sie ist eine der schönsten des Samlandes, weil sie eng zwischen steilen Uferwänden in den mannichfachsten Windungen fortläuft, überwölbt von himmelanstrebenden Buchen und breitwipfligen Eichen und umrankt von blühendem Gestrüpp, während nach der See zu das Ufer wild herunterstürzt und hier und da eine Sandkuppe aufragt, auf welcher ein halbentwurzelter Baum als verlorener Posten steht.

Der Weg führt nun durch das freundliche Strandgut Georgenswalde nach der Oberförsterei von Warnicken. Dieser Ort ist durch seine Naturschönheit weit berühmt, und der Fremde, der im Sommer Königsberg besucht, versäumt es nicht, dahinaus zu fahren. Wir kehren aus Hunger oder historischer Neugierde in dem kleinen Gasthof ein. Der Besitzer desselben ist nämlich gegenwärtig ein Mann, der zur Zeit der berliner Nationalversammlung der populärste Politiker in Deutschland war, Pieper, Abgeordneter vom Samland. Kleon war ein Gerber von Athen, Pieper ein Fleischer aus Fischhausen. Alle Welt kennt seine herrliche Rede, ich weiß nicht mehr von welchem Datum. Gehen wir in sein Zimmer; dort zeigt er uns sein Porträt mit einem Fragment einer seiner Reden, das Wappen der *Gens Pieper,* welches seine Partei für ihn hat malen lassen, ein rothes Schild mit goldenem Balken und darüber ein Leopard (das Wappen des berühmten Grafengeschlechts Pieper); er erzählt uns, wie er, als er noch auf der Linken saß, dem Fürsten Lichnowsky jedesmal hatte antworten müssen, und welche Gesandte ihn zur Tafel geladen; er zeigt uns endlich das Goldfischchen, welches er für seine Frau aus Berlin als Andenken mitgebracht hat. Sehen Sie diesen Mann, das ist die neueste Geschichte von Preußen, das ist das Satyrspiel zu der Tragödie von 1848 – ein Abgeordnetenporträt mit einem Stück Rede, ein Wappen, ein Erinnerungsgoldfischchen und Pieper – ja der Goldfisch bringt einen rührenden deutschen Zug in diese Revolutionsgeschichte. Mir ist, als sähe ich sie leibhaftig, diese Herren von Frankfurt und von Berlin, ein jeder sein Goldfischchen vor sich, auf den Bänken der Nationalversammlung, die zappelnde Phrase aus Hermann und Dorothea, aus Matthisson's Elegien und aus Schiller's Jungfrau von Orleans. Wakkerer Redner Pieper, wahrhaftig, ich kann nicht spotten, denn ganz andere große Staatsmänner tragen die Pieperschelle im Lande herum und das Goldfischchen zum Andenken, das Goldfischchen aus dem märkischen Sumpf unserer Revolution.

Hundert Schritte vom Hotel de Pieper beginnt die Wolfsschlucht. Man steigt hinab wie in ein Blättermeer, dessen grüne Wogen über der Schlucht zusammenschlagen. An mancher Stelle scheint der Himmel kaum hindurch. Die Schlucht ist das im Sommer trockene, mit Geröll angefüllte Bett eines Wildbachs, über welches Brücken führen. Zerschmetterte Bäume sind hineingestürzt, andere hängen hinab, den Niedersturz drohend. Die üppigste Vegetation bedeckt die steilen Wände, die sich nach dem Meere zu erweitern. Man wandert in der Schlucht bergauf, bergab, immer längs des Baches in der grünen Walddämmerung, gewiegt von dem eintönigen Rauschen des Meers, das man noch nicht sieht, bis plötzlich die blaue See hereinstrahlt und sich dem Blicke die unendliche lichte Meerferne aufthut, ein überraschender Contrast zu der Enge der Schlucht und ihrem Dunkel. Wir setzen uns auf einen der Granitblöcke nieder, welche hier das Meer in großer Zahl an die Küste gewälzt hat; der Naturforscher sagt Ihnen, diese Blöcke kommen vom Nordpol, eingeklemmt in Eisschollen, und wir lachen über die Eisschollen und die eingeklemmten Naturforscher. Wir betrachten die beiden steilen Wände der Schlucht und steigen dann den hohen Jägersteig hinauf, den Blick bald auf das Meer, bald auf den mächtigen Waldwuchs neben, über, unter uns gerichtet. Ehedem stand auf der Jägerspitze ein Belvedere. Es ist zum Theil zerstört, weil die Küste mit der Zeit nachstürzt. Nun gehen wir längs des Strandes des senkrecht abgestürzten Ufers bis auf die Fuchsspitze, einen hohen, mit schwarzem Geländer eingefaßten Vorsprung, von dem der Blick hinab fast schwindelerregend und der Prospect ins Meer überraschend groß ist.

Vom Uferrand führen Wege unmittelbar in den Park von Warnicken. Ich sah manchen herrlichen Park in Deutschland, doch keinen von dieser Schönheit. Er ist ein wahrhafter Urpark, von der Natur selbst an das Meer gepflanzt, dessen Wellen, vom Sturm aufgewühlt, donnern oder still durch die Rieseneichen schimmern und die man beständig rauschen hört, wenn man unter jenen altersgrauen, moosbedeckten Bäumen liegt. Die Kunst that hier nichts, um die erhabene Natur blos zu der grotesken Arabeske einer schwülstigen Rococophantasie zu verhunzen; sie bahnte nur schattige Kreuz- und Querwege und stellte hier und da ein verwittertes Götterbild von Holz auf, die Vorstellung mythisch anzuregen, oder sie baute einen Sitz von Birkenstämmen auf irgend einer heimlichen Stelle, oder sie streute Blumensamen aus. Dort liegen die Gräber zweier Kinder, tief ins Laub versteckt, wie um sich vor kalten Fremdlingsblicken zu verwahren. Die Grasmücke und der Finke singt, der Specht hämmert, die Welle rauscht und die Blätter regen sich – die schönste Musik, die man haben kann, und auch ohne die

Äolsharfe ertappen Sie sich in einer Stimmung, die zu Zeiten ihr Recht verlangt, wie ihren Spott. Die Rieseneiche streckt ihre gigantischen, knorrigen Äste weit hinaus in die nachbarliche Riesenbuche, und die Zweige bilden ein undurchdringliches Gewölbe. Unter diesen Bäumen gibt es viele vom höchsten Alter. Eine Heidenopfereiche, welche noch die Zeiten vor Adalbert von Prag gesehen, benennt eine Tafel, aber der Blitz hat den Stamm nun zersplittert. Die Maler Königsbergs kommen hierher, um diese Waldesriesen zu malen und urwäldischen Baumschlag zu studiren. Betrachten Sie aber diese reiche Vegetation, welche, vom Seewind gefrischt, den Boden überdeckt. Die Campanula blüht hier in niegesehener Üppigkeit und gießt eine blaue Flut zwischen den Stämmen hin. Eine Augustnacht in diesem Park, wenn alles Laub von Licht trieft oder in Schwarz getaucht ist und der Glühwurm funkelt, ist schon verlebenswerth.

Warnicken ist der Gipfelpunkt der samländischen Natur. Hier erreichte sie ihre größte Schönheit, und damit sich begnügend, hörte sie auf, den Strand weiterhin reich auszustatten. Die Ufervegetation erstirbt von hier ab gegen Westen allmälig, aber desto grandioser treten bisweilen die nackten Uferbildungen hervor. Bei den Fischerdörfern Groß- und Kleinkuhren thürmt sich die Küste in bizarr geformten Kegeln und Pyramiden von blauem Thon, Sand und Eisenocker, fast im Übergang zur Sandsteinbildung. Dann folgt der Wachtbudenberg und endlich an der äußersten Nordwestspitze des Baltischen Meeres der Leuchtthurm von Brüsterort. Dagegen zieht sich ins Land hinein der schöne Forst von Warnicken. In ihm liegen anmuthige Förstereien, wie Hirschau und Wilhelmshorst, die täglich von den Gästen besucht werden. Wenn Sie einen Forstmann zum Freunde haben, können Sie mit ihm das Reh und den Hirsch jagen.

Der Leuchtthurm steckt die Warnungslichter auf. Wer

Falkenaugen hat, sieht noch den Schatten des vorübersegelnden Dänenschiffs am Horizont – einst donnerten auch hier in diesen Gewässern die Kanonen des Dänen und des preußischen Schiffes Adler. Es dunkelt; hier an der Nordwestspitze der Halbinsel nehmen wir vom schönen Samland Abschied.

Idyllen vom lateinischen Ufer

Das lateinische Meeresufer liegt nur fünf Stunden von Rom entfernt; drei mal in der Woche führt ein Omnibus Gäste dahin, welche sich einige Tage in Porto d'Anzio, oder in Nettuno vergnügen wollen, oder solche, die dort Bäder nehmen, oder sich nach Neapel einschiffen. Wie zu den Zeiten der Kaiser sind noch heute jene Ufer Vergnügungsorte der Römer, und es gehört zum römischen Leben, einmal nach Antium zu fahren, wie nach Frascati, Tivoli und Albano, um für eine Zeit Rom zu vergessen. Denn selbst die herrlichste Stadt der Erde kann ermüden.

Ich fühlte das recht gegen Ende des Frühjahrs 1854, nachdem der Scirocco, der Plagegeist Roms, fast acht Wochen lang auf der Stadt gelegen hatte, und als ich nun am 24. Juni früh um 5 Uhr aus Rom mich aufmachte, hatte ich das heiterste Gefühl wirklicher Befreiung. Es war ein sonniger Morgen, das Volk schon auf den Straßen; Blumen in den Händen, zogen sie nach dem Lateran, wo der schöne Platz einem Blumenmarkte glich. Denn heute war das Fest Sanct Johann, eins der lebhaftesten Roms.

Draußen aber auf der Campagna wehte die weichste Luft über die schimmernde Grasebene und die jüngst gesichelten Weizenfelder, welche dieses Jahr zwanzigfältig getragen haben.

Die Fahrt geht fünf Stunden lang meerwärts unterhalb des Albanergebirges hin. In Fontana di Papa wird gehalten. Dies ist eine einsame Schenke zwischen Weinbergen, und heißt so von einem von Innocenz XII. angelegten Brunnen. Auch pflegt der Papst dort zu rasten, wenn er im Monat Mai an den lateinischen Strand zieht, in seiner Villa zu Porto d'Anzio die Meereskühle zu genießen.

Da herrscht nun das bunteste Leben. Man sitzt an den Tischen umher und verspeist Maccaroni oder vortreffliche Eierkuchen und trinkt den schlechtesten Wein dazu. Alle Augenblicke kommt eine Carosse oder ein Reiter, ein Trupp Sbirren, welcher den Wald durchstreift hat, und von denen der eine sich laut rühmt, gestern einen Räuber erschossen zu haben. Eben langt von Anzio ein Zug Galeerensklaven an; sie sitzen paarweise gefesselt auf einem Karren, mitunter schöne junge Leute, sauber gekleidet, mit einem Strohhut, weißem Hemdkragen und flatterndem seidenen Halstuch, denn diese Galeoten werden in Rom losgesprochen. Man bringt ihnen Wein und Zigarren, die Sbirren stehen mit geschultertem Gewehr neben ihnen und lassen sich gleichfalls einschenken. Dies sind Scenen aus Fontana di Papa.

Nun geht es zwei Stunden lang durch den Buschwald fort, welcher die pontinischen Sümpfe bis gegen Terracina begleitet, meerentlang die Küste bedeckt, und bevölkert wird vom Eber, vom Stachelschwein, vom Büffel und Stier, vom Fieber und vom Räuber, der aus dem Wald auf die appische Straße streift, den Reisenden bei Cisterna oder bei Forappio, oder unter dem Felsen von Terracina auszuplündern.

Endlich blitzt das blaue Meer auf, und wir grüßen Alle freudig die azurnen Wellen von Antium, jener alten Volskerstadt, wo der verbannte Coriolan seinen Tod gefunden hatte, und auf dessen Küste einst das weltberühmte Kunstwerk, der Gipfel aller auf uns gekommenen Sculptur, in seiner Tempelnische stand, der Apollo vom Belvedere.

Nun sind es neun Jahre, daß mich jeden Sommer das Meer erquickt hat. Die schönsten Stunden meines Lebens und die heitersten Wanderungen sind an Meeresstrand und Welle geknüpft gewesen. Unzählige Bilder und Erinnerungen tauchten mir jetzt bei jenem ersehnten Anblick des Lateinermeers wieder auf. Aber indem hell und heller vor meine Phantasie traten die elysischen Küsten von Corsica und von Campanien, die schönen Golfe von Palermo und Cefalù, von Syrakus und vom Aetnastrand, stimmte mich der Anblick der lateinischen Küste ganz herab. An jenen Meeren stehen herrliche Felsenufer und Vorgebirge in den edelsten Formen, dort erheben sich Burgen und Städte kühn auf den Ufern, und Oelbäume, Orangengärten und blühende Granaten hängen ihre Zweige fast in die Wellen nieder. Wer kann im Anblick des Meers die Zauberwelt von Sorrento vergessen, die Gärten von Palermo oder den rebenumschlungenen, sagenvollen Strand von Acireale am Ionischen Meer? Daß ich es also gestehe, der Eindruck dieser Ufer und des darauf stehenden kleinen Anzio enttäuschte mich. So weit nur der Blick gegen Ostia reicht, sah ich nichts als öde Haide, ein niedriges Ufer aus Thon und Sand, eine kleine Schanze darauf und Heerden, welche weideten. Das Städtchen ist ein Gemisch von Villen im römischen Palaststil, von steinernen Häusern und den strohbedeckten Campagnahütten, welche sich um einen kleinen Golf hinziehen, auf dessen Strand eine Reihe von Barken und in dessen Hafen einige Segelboote sich bemerklich machen.

In seinem Zimmer der kleinen Locanda saß ein talentvoller Landschaftler an der Staffel, und frisch gemalte Seestücke an den Wänden bewiesen mir, wie reich seine Ausbeute gewesen war. Ich verschwieg ihm meine Enttäuschung nicht. Er aber zeigte zum Fenster hinaus auf das spiegelnde Meer und die blauen Volskergebirge im Hintergrunde. Und kaum war der Tag vergangen, als jene Erinnerungen schönerer Küsten zur Ruhe kamen, und der ganz neue Zauber dieser einsamen und heimlichen Ufer von Antium mich gefangen hatte. Sie sind anmutig wie der baltische Strand meiner Heimat, und wenn auch unendlich schöner und von feinerem Wesen, so doch ihm manchmal ähnlich, und mehr als einmal habe ich an diesen gelben felsenlosen Küsten verwandter Form und Bildung ausgerufen: Das ist ja leibhaftig Neukuhren, Wangen und Sassau! Die baltische Küste und die lateinische verhalten sich so zu einander wie ein schönes, naturfrisches Volkslied zu einer classischen Idylle des Theokrit.

Weder Poussin, noch Claude, noch Salvator Rosa würden hierher kommen, eine Meerlandschaft zu malen. Es gibt hier nichts Episches oder Heroisches von grandiosem Stil, nichts Gewagtes oder Bizarr-Phantastisches. Hier ist Alles weite, atmende, sagenvolle Ferne, Stille und Anmut, im eigentlichen Sinn Meeridylle. Weit und breit sind diese Ufer von einer durchaus lyrischen Stimmung. Nun begreife ich recht, was dieses Meer von Antium für das weltgeschichtlich bewegte Rom sein mußte. Jene Römer zur Zeit des Augustus, des Caligula und Nero (und dieser wurde in Antium geboren) liebten es, sich aus ihrer großen Welt zu flüchten, einen müßigen Sommermonat in Antium zu verleben, wie es ja noch heute der Papst thut.

Ja, diese Meereseinsamkeit überschleicht unversehens das Gemüt! Jene feinen, sanften Uferlinien, welche in Meilenweite sich im Duft verlieren, jener weiche und schimmernde Sand, dieses wolig rauschende Meer in seinem Farbenspiel, das märchenhafte Cap der Circe drüben, welches als Insel wie ein großer Saphir herüberfunkelt, die fernen kleinen Ponza-Eilande, die ihre blauen Gipfel wie Blumenglocken kaum aus den Wellen erheben, hundert weiße Segel, welche kommen, gehen und dahinschwinden, der melancholische Gesang der Fischer, Flöten und Harfenklänge – wahrlich! die ganze Welt draußen dürfte mit glühenden Bomben und Raketen beschossen werden, hier spürte man es nimmer. In Rom konnte ich noch vor wenig Tagen die Stunde kaum erwarten, wo die Zeitungen ins Café gebracht wurden, und über den *Monitore di Toscana*, die *Gazzetta di Genova* oder die augsburger „Allgemeine" fiel ich daher, sobald sie sich nur zeigten. Hierher gelangt keine Zeitung: nicht einmal das *Giornale di Roma*, ein Tagesblatt, das so harmlos ist wie eine Ekloge des Virgil, wird hier gehalten, und wenn man die Leute fragt: was macht Omèr Pasciá, wie steht es mit dem großen Admiral Napieri, und hält sich noch Silistria? so zucken sie die Achseln und verstehn es nicht.

Wenn ich im Fenster meines Zimmers liege, vor welchem die neapolitanischen Fischer auf dem weißen Sande sitzen und die Netze ausbessern, thut sich der ganze herrliche Golf vor mir auf, und ich sehe das liebliche Ufer vor mir bis zum Circeischen Cap. Auf der Küste erhebt sich nahe bei Anzio die edelgeformte Villa des Fürsten Borghese in einem wilden Park von Steineichen und Olivenbäumen, weiterhin Castell und Stadt Nettuno, braun und pittoresk, ins Meer gebaut, und in aller Welt berühmt durch die Schönheit der Frauen und ihre herrliche Tracht. Die Linie der Ufer wird nun immer sanfter, feiner und länger ausgezogen; an ihrem Ende steht in traumhafter Ferne ein kleines weißschimmerndes Schloß. Dies Castell breitet um Küste und Meer eine melancholische Stimmung aus, wie das Cap der Circe homerische Poesie verbreitet. Die Blicke jedes Deutschen zieht es magisch an und rührt sein Herz zur Wehmut und Trauer; denn es bezeichnet einen der größten Abschnitte in der Geschichte unseres Vaterlandes. Ist es doch jener einsame Turm Astura, wo der letzte Hohenstaufe, Konradin, nach der verlorenen Schlacht von Tagliacozzo hinüberfloh, und wo der Verräter Frangipani ihn festnahm und in die Hände des blutgierigen Karl von Anjou auslieferte. An jenem Turm sank die Sonne der Hohenstaufen in das Meer. Nun blickt das Schloß Astura zu mir herüber in mein Fenster, gemahnt mich wie ein sehnsuchtsvoller Klang des fernen Vaterlandes und mehrt mir die heimatliche Stimmung, in die mich die Küste schon an sich versetzt. Es hat mir nicht Ruhe gelassen, bis ich eines Tags hinüberwanderte und sein altes Gemäuer durchsuchte, und nun kann ich die blinkenden Zinnen wieder beruhigt ansehen. Und auch dahin wollen wir gehen; denn überall streifen wir hier umher, weil uns doch die Götter diese Muße geschenkt haben.

Als noch die römischen Herren nach dem alten Antium gingen, um dort ihre Villeggiatur zu halten, war die Stadt groß und ein blühender Hafen. Nero hatte ihn prächtig ausgebaut, und noch heute sieht man die Reste des steinernen Molo in den Wellen; sie sehen fast so aus wie die sogenannte Brücke des Caligula im Golf von Pozzuoli. Schon im frühen Mittelalter verfiel und versandete der Hafen; die Stadt selbst, den Sarazenen zur Beute überlassen, verschwand vom Erdboden, und auch heute ist Anzio nur ein Dorf zu nennen. Im Jahre 1700 hatte Innocenz XII. den Hafen erneuert, die Wege verbessert, einige Häuser und einen Brunnen gebaut. Seitdem sind die Päpste ab und zu hierher gekommen, um in dieser Stille zu wohnen, ehe die Fieberluft aus den pontinischen Sümpfen aufsteigt. Pius IX. hat gegenwärtig die ansehnliche Villa gekauft, welche der berühmte Cardinal Alexander Albani im Jahre 1710 erbauen ließ, und wo Winckelmann manchen Tag in seiner und der Prinzessin Albani Gesellschaft zubrachte. Mit den Ausgrabungen, die der Cardinal hier veranstalten ließ, trieb er nicht allein überhaupt ein ansehnliches Geschäft, sondern er versorgte auch seine eigene Villa in Rom mit Statuen auf das reichste.

Die Villa in Antium ist ein Palast im Luxusgeschmack jener Zeit, in einem großen, doch verwilderten Garten, welcher an Blumen und Zierbäumen arm ist, aber an Orangen Ueberfluß hat. Hier kann der Papst in einer ländlichern Einsamkeit leben als in Castell Gandolfo; er muß selbst den Anblick der elenden Strohhütten ertragen, in welchen arme Fischerfamilien wohnen, und einen noch schlimmern. Denn hart am Molo liegt der Bagno, ein großes, vom Castell auf der einen und von einer Kirche auf der andern Seite umschlossenes Haus, worin die Galeerensklaven bewacht werden. Sie arbeiten alle Tage auf dem Bagger, der den Hafen reinigt; aber verschämt tragen sie ihre Ketten unter den Kleidern, welche meist auch keine Abzeichen haben. Man sieht viele junge Räuber unter ihnen. Diese Galeoten lassen die Industrie in Porto d'Anzio nicht aufkommen, weil sie jedes Handwerk betreiben, dem unbescholtenen Handwerker also das Brot nehmen. Sie sammeln sich ein Ersparniß, leben gut, wissen die Wächter zu bestechen und mancher Freude zu genießen; wenn sie entlassen werden, bleiben sie meist im Ort und heiraten ihre Liebschaft.

Ein Bagno und ein idyllischer Sommeraufenthalt des heiligen Vaters scheint wenig zusammenzustimmen; doch das ist echt römisch, denn irgend ein Widerspruch und Mißton muß sich in dem römischen Leben und mitten in der paradiesischen Natur offenbar machen. Der Papst will übrigens Antium wieder emporheben; er läßt viele Häuser bauen; er hat gesagt, er wolle den Anblick der schimpflichen Strohhütten nicht länger dulden.

Auch der Hafen wird mit jedem Jahr lebhafter. Seine Lage ist so ausgezeichnet, daß er einen großen Verkehrspunkt abgeben würde, weil er näher an Neapel liegt als Ostia und Civitavecchia. Eine römische Gesellschaft hat bereits ein Dampfschiff gebaut, welches nun zwischen hier und Neapel zwei mal in der Woche fährt und mit der Post in Verbindung steht, die an diesen Tagen Reisende von Rom bringt. Man kann in 13 Stunden das schöne Neapel erreichen und zahlt den Spottpreis von 5 Scudi für die Fahrt. Dieser Verkehr zieht einiges Leben und die Anfänge der Industrie nach Anzio; und auf diese allein sind die Bewohner angewiesen, weil sie das Land fast gar nicht bauen. Es gibt hier weder Weinberge noch Olivenpflanzungen, nur Heerden weiden auf der Küste; die Lebensmittel kommen landwärts herein; Nettuno schickt Wein und täglich sogar das frische Brot, Genzano Oel und Früchte, und selbst vom Volskergebirge kommen aus Cori her Kirschen und Feigen. Die Gasthäuser sind klein und mangelhaft. Man zahlt hier für ein Zimmer täglich 25 Bajocchi und kann auf römische Art nach der Karte essen; oder man gibt für die ganze Verköstigung tägliche 7 Paul, einen Thaler preußisch Geld. Dafür hat man vier Schüsseln zu Mittag und drei Schüsseln zu Abend. Es sind meist die deutschen Maler, welche das Gasthausleben in den kleinen Küsten- und Gebirgsörtern auf solchen Fuß bringen, und vielfach kann man sie als Missionäre der Gasthauscultur betrachten.

Es gibt hier eins vollauf, das sind Fische, die feinsten Seefische und Hummern, welche der Golf täglich spendet. Aber nicht die Bewohner von Anzio fischen hier, denn wie sollten sie sich bis zum Besitz einer Barke emporschwingen, sondern es kommen die beweglichen Neapolitaner auf ihren zierlichen Barken von Pozzuoli, von Bajä, von Portici und von Torre del Greco, rings von allen Küsten ihres herrlichen Golfs, und viele Monate des Jahres bleiben sie hier und schlafen auf ihren Barken. Andere bewohnen die Strohhütten, und es sind dies meist solche Neapolitaner, welche vor der Conscription geflüchtet sind und ihr Vaterland aufgegeben haben. Weithin an den Küsten des Mittelmeers kann man diese Marinari Neapels, die Fischer aller Fischer, finden, selbst an den spanischen Inseln, selbst an den Ufern Afrika's, wo sie den Korallenfang betreiben; und so durchschneiden ihre bunten, graziös geformten Barken nach allen Richtungen dieses ausgedehnte Meer.

Es war mir eine große Freude, die alten Bekannten hier wieder zu finden. Wie erinnerten sie mich durch ihre lebhafte Gesticulation, ihre Mimik, ihren Dialekt, ihr Costüm an jene Fischerscenen, die man an den Küsten Neapels sieht. Sie sind bis zum Ueberdruß gemalt worden, in der Natur aber, am Meer selbst bleiben sie ewig neu. Drei Schritte weit vor meinem Fenster stehen ihre Barken, gegen zwanzig an der Zahl; eine jede ist zum mindesten mit fünf Mann besetzt und hat einen Führer.

In der Regel gehen die Fischer gegen Ave Maria in See und fischen die Nacht durch. Der Fang wird des Morgens in die strohbedachten Verschließe getragen, Abends aber verpackt, um Nachts auf Karren nach Rom gebracht zu werden. Da gibt es nun eine sehr belebte Scene. Die Schreiber sitzen am Tisch bei einer Laterne und registriren; rings umher sind die Fischer beschäftigt, ihren Fang in Körben herbeizubringen, während andere Eisstücke zerschaben und die Fische auf diesen Eisgrus legen. Die Mannichfaltigkeit und wunderliche Form dieser Meerthiere ist erstaunlich. Da gibt es den langen Grongo, den großen und prächtigen Palombo, die schön gefleckte Murena, den flunderähnlichen stachlichten Rochen, die große Menge von glitzernden Triglien und von Sardinen, und den Merluzzo. Bisweilen kommt auch ein Delphin mit herauf, und an einem Abend sah ich im Fischlager zwei Haifische *(pesce cane)*, welche man eben gefangen hatte. Sie waren 8–10 Fuß lang; ihre schwärzlich-stahlblaue Farbe hat etwas Widerliches. Man fängt sie mit dem Köder, und wenn der Hai angebissen hat, zieht man ihn herauf und erschlägt ihn mit einer Keule. Sein Fleisch, weißlich wie das des Störs, wird gegessen, doch ist es ziemlich hart.

So treiben es die armen Fischer Tag für Tag und führen ein rauhgewöhntes Leben der Entbehrung, welches nur Demjenigen reizend erscheint, der, wie wir, müßig am schönsten

Meer dahinschlendert und den tanzenden Barken und schwebenden Lichtern auf dem Wasser zuschaut. Wir kennen es ja auch von unserm baltischen Ufer her. Aber hier zeigt sich der Unterschied des nebelfeuchten Nordens und des sonnigen Südens. Der neapolitanische Fischer, so armselig er ist, halbnackt, im aufgeschürzten Beinkleid von Linnen und im bloßen Hemd, die rote Beutelkappe auf dem Kopf, lebendig, beweglich, übersprudelnd von Laune, von Witz und gutmütigem Geschwätz, immer sangesfroh und zu Schwänken aufgelegt, macht neben unserm stummen und einfältigen baltischen Fischer eine theatralische, ja selbst ideale Figur. Ich möchte sie gern einmal in einen Kahn nebeneinander setzen, den baltischen und den neapolitanischen Fischer, und möchte sie zwingen, miteinander einen Tag lang zu verkehren; ich glaube, einer würde vor dem andern ins Wasser laufen. Man wird es nicht möglich finden, daß baltische Fischer je eine geschichtliche Rolle spielen könnten wie die neapolitanischen, welche auf Masaniello stolz sein dürfen.

Masaniello war keine große, nur eine seltsame Erscheinung, die mit dem Sturm vertraute Fischerseele, waghalsig, ehrgeizig, ein Mensch des Augenblicks wie sein Glück, gedankenlos, kopflos, ohne bestimmte Richtung, nur eine sich überschlagende Welle. Unter ähnlichen Figuren der Geschichte möchte ihm durch Stand und phantastische Laune des Glücks am nächsten stehen Johann von Leyden, der gekrönte König von Münster. Er war ein Schneider, und die Schneidergesellen sind bei uns der beweglichste aller Stände, wahre Neapolitaner, Pulcinellen und geborene Abenteurer. Johann von Leyden steht weit höher als Masaniello, weil er in einer Idee schwärmte; das können nur Schneider, Fischer vermögen es nicht. Beide bizarre Figuren passen gut für die Oper. Aber es ist immer ein ernsthaftes Spiel der Dinge, daß im neapolitanischen Lande, wo der uralte Stand der Fischer zahlreicher vertreten ist als irgendwo anders, dieser auch einmal einen König haben mußte. Ich sah in der Bildergallerie der Studien zu Neapel Masaniello's Porträt von seinem Zeitgenossen Spadaro. Er ist dargestellt im Costüm der Lazzaroni, das heißt im Hemd, mit offener, sonnverbrannter Brust, die Kalkpfeife im Mund, und gerade so sitzen vor uns die neapolitanischen Fischer am Strande. Aber der Maler setzte ihm dazu ein spanisches Berrett mit Federn auf den Kopf, und so hat er geistreich den seltsamen Widerspruch in dem Schicksal dieses Mannes angedeutet. Sein Gesicht ist ohne Adel und alles höhern Wesens bar, breit und fleischig, von fast weiblicher Weichheit. In den Augen liegt etwas Lauerndes und Verschmitztes. Dies Porträt ist kostbar, weil es treu und aus der Zeit ist; man erkennt darin die echte neapolitanische Fischernatur, und danach war Masaniello nicht so ein halber Heros und halber König Lear, wie ihn die Oper darstellt. Von Spadaro gibt es noch andere historische Scenen aus der Zeit Masaniello's, zum Beispiel den Aufstand im Mercato, wo der Fischerkönig als Lazzarone zum Volke redet, im Vordergrund aber wieder als spanischer Caballero zu Pferde sitzt, und viel Hängens und Schießens von Adel auf dem Platze zu sehen ist. Neuerdings hat Alfred von Reumont in seinem „Caraffa von Maddaloni" die Geschichte Masaniello's sehr anziehend behandelt.

Doch uns hat diese Erinnerung von den Fischern am Strande Antiums entführt. Ihre Barken wollen noch einen aufmerksamen Blick. Sie sind höchst malerisch. Der Rand des Bordes ist jedesmal zierlich mit Arabesken auf weißem Grund bemalt, und da sieht man Delphine, Sirenen und Sterne, und mitten unter diesen fabelhaften Gestalten wieder die Madonna oder den heiligen Antonius, den Schutzpatron der Fischer überhaupt. Gegen die Sonnenglut sich zu schützen, spannt man ein leinenes Dach über die Barke, und die harmonischen Farben von

Schwarz, Braun und Weiß, wie das bunte Gewirr von Rudern und Stangen, von Segeln und herabringelnden Netzen, bringen eine sehr malerische Wirkung hervor.

Der Hafen Anzio's wimmelt jetzt von diesen Schifferbarken; aber auch andere neapolitanische Fahrzeuge liegen am Molo, kleine Schiffe, welche hier Holz und Kohlen laden. Denn jährlich führt diese waldbedeckte Küste für eine Million Scudi Brenn- und Baumaterial nach Neapel. Man sieht weithin auf dem Ufer von Anzio und Nettuno große Kohlenhaufen, die in den Wäldern gebrannt sind, und von dort her ziehen schwarze Büffel die riesigen Eichenstämme an den Strand. Man spannt wol 16 Büffel vor einen Zug und stachelt sie dann mit der Lanze weiter. Die Neapolitaner haben große Urwälder in Calabrien, aber es scheint, daß sie lieber das Holz aus den pontinischen Sümpfen holen, weil sich dort die Wälder bis ans Meer erstrecken und die Küste flach ist, also die Kosten des Transports bedeutend verringert werden.

In diesem bunten Ur- und Naturleben der den Strand umlärmenden Fischer und Schiffsleute verlieren sich nun einzelne städtische Gestalten. Hier und da sitzt ein Maler unter seinem großen weißen Schirm und malt seine Strand- oder Fischerskizze. Solche Erscheinungen gehören schon als Charaktere zu einer italienischen Landschaft. Wo man auch sein mag zu schöner Frühlings- oder Sommerzeit, man wird einen solchen Malerschirm wie einen Pilz irgendwo auftauchen sehen. Selbst in den verlassenen Gegenden Siciliens traf ich diese Gestalten, und ich erinnere mich, daß ich, zu einsamster Stunde den Felsen Taormina's hinaufsteigend, plötzlich lachen mußte, denn schon von weitem blickte mir ein Schirm entgegen; ein Landschafter aus Weimar saß darunter. Ich habe an den Küsten des Samlands auffallend selten Maler zeichnen gesehen, und doch gibt es dort reiche Schönheiten, ja jene bizarren Ufer von Groß- und Kleinkuhren überwiegen an großartiger Form weit Alles, was dieser lateinische Strand besitzt. Nur fehlt ihnen der Zauber der warmen Farbentöne. Die Farbe der Flut ist bei uns heftig strahlend, hart oder stumpf; sie hat nicht den feinen Duft und Lichtnebel, noch die magische Spiegelung, noch das Ineinanderschwimmen zarter, schimmernder Lichter, noch diese smaragdne Aeterhelle. Aber was kann der Maler nicht malen? Was dem Unkundigen bildlos erscheint, faßt der innerliche bildende Sinn bedeutend auf und dichtet es als ein anmutiges Bild hervor. Es ist wie mit der lyrischen Poesie; Gedanke und beseelende Stimmung sind unerschöpflich. Die Natur will nur recht gesehen und empfunden sein: es ruhen in ihr zahllose Gedanken und Formen, an denen der unmusische Mensch ahnungslos vorübergeht. So gibt es auch an dieser stillen Küste wahrhaft geniale Erscheinungen, aber sie sind nicht leicht zu fassen, weil die Natur hier eine gar feine Seele hat, die mit plumpen Griffen nicht zu entschleiern ist.

Nun aber das Skizzenbuch fortgelegt und ins Meer gesprungen! Dieser narkotische Wasserduft, unendlich durchdringender als bei uns, zieht ja mit Gewalt ins Meer, und die klarste Welle lockt unwiderstehlich. Unten ist der Meeressand schneeweiß und weich wie Sammet, und weithin der Grund flach und sicher. Man sieht Badende überall, und hier und da Badehüten aus Laubgeflecht. Die Gäste kommen aus Rom, aus Velletri, aus den Gebirgen, aber selten vor dem Juli, weil der Italiener den Juni zum Baden noch zu kalt findet. Mehr als zwanzig Bäder hält man für ungesund. Das scheint in den klimatischen Verhältnissen allerdings begründet zu sein, ich habe es auf Capri selbst erfahren. Das Wasser ist hier wirksamer und aufregender als bei uns, und der zu häufige Gebrauch der Bäder bringt um Schlaf und Appetit. Von einem Badeleben und jener reizenden Heimlichkeit gesellschaftlichen Verkehrs, welche den Sommer an unserer Küste zu einem schönen Fest macht, ist hier nicht die Rede. Jeder Gast, jede Familie lebt für sich, und der Fremde ist auf das einzige Café am Hafen als Versammlungsort angewiesen, wo unter dem Zeltdach an einem und demselben Tisch in demokratischer Weise und in jener herrlichen Unterschiedslosigkeit der Stände, welche Italien eigen ist, der Badegast neben dem halbnackten Fischer sitzt, der das Zelt zu benutzen kommt, ohne Kaffe zu trinken, und den Rauch aus seiner Kalkpfeife vor sich hinbläst. Einige Offiziere vom Genie, ein alter päpstlicher Hauptmann, der mich durch seinen venetianischen Dialekt für sich eingenommen hat, sind die Herren, mit denen ich dort plaudere.

Ueber den Juli hinaus bleiben selten die Badegäste in Anzio, denn dann wird die Luft fieberhaft. Auch jetzt, wo die Hitze oft unerträglich ist und schon um 7 Uhr des Morgens beginnt, fällt es nach Sonnenuntergang feucht, und die laue wollüstige Wärme, welche nun das Meer ausatmet, ist verräterisch. Man darf dann nicht ausgehen. Die schönen Mondnächte am Ufer, auf dem Wasser und im Wald, die das Leben an unserm Strande so angenehm machen, darf man hier nur aus dem Fenster genießen, denn eine einzige solcher Mondnächte im Freien brächte das Fieber und nach wenigen Tagen vielleicht auch den Tod. Es ist hier gefährlich, die Sirenen zu belauschen. Wir müssen uns also begnügen, im purpurnen Abendsonnenschein am Strand zu lustwandeln und die bunten Muscheln aufzulesen oder die kleinen flinken Taschenkrebse zu haschen. Diese Thierchen sind höchstens so groß wie ein Viertel der Hand und geformt wie die Spinnen. Sie laufen mit ihren Füßen wunderbar schnell, und wenn man sie greifen will, so versenken sie sich geschwind in den Ufersand, gerade so wie Geister auf dem Theater. Die Menschen, die hier Alles essen, Frosch und Igel wie die Nachtigall, nehmen diese Krebse vom Boden auf, beißen die Schale entzwei und essen das Lebendige, wie es ist.

An diesem Strand dachte ich oft des blitzenden Bernsteins, den man daheim auflesen kann. Hier wirft das Meer solche Geschenke nicht aus, aber dafür Stücke köstlichen Marmors aller Arten. Ja, man könnte ganze Karren mit dem glänzenden, von den Wellen geschliffenen Marmor beladen, der auf das Ufer, so weit man immer gehen mag, ausgespült wird. Da lesen wir Verde antico, Gialla antico auf, den herrlichen orientalischen Alabaster, Porphyr, Paonazetto, Serpentin, blauen Smalto. Wo all das seltene Gestein herkommt, sagt uns ein Blick in die Wellen. Denn aus ihnen ragen noch die Fundamente alter römischer Wasserpaläste, und eine Viertelstunde weit ist das Ufer von Anzio nichts als eine Ruine oder ein fortlaufendes Gemäuer. Anscheinend sind es Felsenmassen und umhergestürzte Klippentrümmer, aber sieht man sie genau an, so sind sie antikes Mauerwerk aus Peperinsteinen und dem unzerstörlichen Puzzuolankitt, von der saubern römischen Netzarbeit. Nun gähnt die alte Küste geisterhaft aus Grotten und Hallen alter Bäder und Villen, und oben auf dem Ufersaum ziehen sich die Fundamente von Tempeln und Palästen hin. Dort standen einst die schönen Marmorvillen der Kaiser. Hier schwelgte Caligula, welcher Antium besonders liebte und sogar den Plan gefaßt hatte, seine Residenz hierher zu verlegen; hier feierte er sein Hochzeitsfest mit der schönen Lollia Paulina. Hier hielt Nero, der in Antium geboren war und eine Colonie dahin ausführte, seine Bacchanalien; mit weißen Rossen zog er hier triumfirend ein, als er von seinen theatralischen Vorstellungen in Griechenland heimkehrte.

Auch früher schon war Antium der beliebte Lustort der Römer; Atticus, Lucullus, Cicero, Mäcenas und August hatten hier ihre Villen, und wo, in welchem kühlen Gebirg, an welchem lieblichen Strande Italiens hätten die Glücklichen nicht ihre Villen gehabt! Wie muß einst dieses Ufer von all dem Gestein geglänzt haben, das die Welle nun als Scherben der Geschichte fort und fort und schon Jahrhunderte lang an den Strand wirft! Diese Trümmer bringen einen seltsam elegisch-geschichtlichen Zug in die Idylle Antiums, und die erinnerungsvolle Stimme, welche denn Wanderer hier überall begleitet, erhöht nicht wenig den Reiz des Ufers. Bei uns ist es die gänzliche Geschichtslosigkeit, das völlige Abhandenkommen von der Menschenwelt und ihren großen Schicksalen, was unserm Strand seinen Charakter gibt, aber in Italien kann man sich in keine noch so stille Einsiedelei der Natur flüchten, ohne daß nicht der ernste Geist classischer Vergangenheit vor die Seele träte und sie zum Nachdenken über das große Menschenleben aufforderte. So sitzt man denn hier auf einem zertrümmerten Römerpalast, den die Wellen umrauschen, und spricht dem Horaz nach:

> *O diva, gratum quae regis Antium,*
> *Praesens vel imo tollere de gradu*
> *Mortale corpus, vel superbos*
> *Vertere funeribus triumphos!*

Und wiederum entführt ein Blick auf das schöne Cap der Circe in die Dichtung Homers, und jenes immer sichtbare ferne Astura in andere Geschicke und andere Dichtungen, sodaß mich hier dreifache Weltculturen und Weltpoesien umgeben, Homer, Horaz und der hohenstaufische Wolfram von Eschenbach.

Die Göttin Fortuna hatte in Antium einen weitberühmten Tempel; auch Apollo, die aphrodisische Venus, Aesculap und Neptun hatten daselbst ihre Tempel. Denkt man ihrer, so belebt sich diese nun von Rinderheerden umweidete nackte Küste mit den herrlichsten Gestalten, und das Bewußtsein, daß hier der Apollo von Belvedere seine göttlichen Glieder leuchten ließ, gibt dem Ufer eine ideale Weihe. Es war zur Zeit des Papsts Julius II., als man diesen Gott hier aus den Trümmern zog; und wie viel fand man seitdem, was nun dem Vatican, dem Capitol und der Villa Albani zur Zierde gereicht. Hier grub man auch den berühmten sterbenden Fechter aus, viele Kaiserstatuen und Büsten des Hadrian, des Septimius Severus und der Faustina, Satyrfiguren, Athleten, Statuen des Zeus und des Aesculap, schöne Dreifüße und jene merkwürdigen Altäre vom Capitol, welche den Winden geweiht sind. Auf der Uferhöhe, wo jetzt über den Fundamenten eines Tempels eine kleine Strandschanze steht, auf welcher neben einer alten rostigen, riesengroßen Feldschlange aus mittelalterlicher Zeit ein Soldat ins Meer hinauslugt, sieht man noch heute Säulenbasen auf ihrer alten Stelle, und neben ihnen die Schafte von Cipollino und 22 korinthische Capitäler von höchst graziöser Form. Ihre Voluten und die Ornamente unter dem Abacus haben eine besonders phantastische Bildung, wie ich sie sonst nirgends sah; denn sie stellen Muscheln, Delphine und Seekrebse vor. Der Architekt hatte also auf das Local Bezug genommen, und vielleicht war dieser Tempel dem Neptun selbst geweiht.

Ich fand auch in dem kleinen Anzio, wie ich es vermutet hatte, einen Mann, der sich mit den Altertümern beschäftigt. Denn es gibt keinen nur einigermaßen namhaften Ort in Italien, der nicht seinen patriotischen Geschichtsschreiber oder Altertumsforscher hätte. In Antium ist es der Canonicus und Hafenpräsident Lombardi. Er wohnt im Bagno der Galeerensklaven auf der obersten Terrasse. Ich fand diesen Herrn eben nachdenklich vor einer zerschlagenen Marmorinschrift, welche die Galeerensklaven ausgegraben hatten. Lombardi hat ein Buch über Antium geschrieben und beschäftigt sich mit einem größern Werk über Geschichte und Ruinen seiner Vaterstadt. Ich las seine sorgsame Schrift mit Dankbarkeit.

Nun bin ich an diesem Strand über Astura drei Stunden fortgewandert und habe überall Reste alter Villen und Bäder,

Marmor- und Mosaiktrümmer gefunden, ja vor dem einsamen Turm Astura selbst fand ich einen noch ziemlich erhaltenen Mosaikboden an der Brücke im Sande. Es ist kaum glaublich, wie viel die Römer und welche Prachtbauten sie hier aufgeführt haben. Das ganze Meeresufer Toscana's bis nach Terracina entlang, von Terracina bis nach Neapel und rings um den Golf, und weiter über Salerno hinaus zog sich eine Reihe von Marmorpalästen, von Bädern, Gymnasien und Tempeln hin, ein fortlaufender Kranz römischer Herrlichkeit. Wie prächtig alle diese Villen waren, welche zum Teil in den Fluten standen, sieht man noch aus ihren Trümmern. Wer damals an diesem Strande entlang fuhr und die Menge der Lustanlagen sah, die mit den Städten wetteiferten, der mußte eines schönen Anblicks menschlicher Cultur froh werden. Heute stehen an diesen elysischen Ufern einsame verwitterte Türme des Mittelalters, welche zum Schutz gegen anlandende Sarazenen gebaut wurden. Sie umkränzen ganz Italien und alle Inseln des Mittelmeeres und geben diesen Küsten einen sagenhaften und ritterlichen Charakter.

Auch aus jüngerer Zeit gibt es hier Erinnerungen, welche die Phantasie in fremde Länder und Zonen entführen. In jenem stattlichen Palast Mencacci, der sich über einem grünen Tal am Ufer erhebt, wohnte viele Jahre lang in jüngster Zeit ein verbannter König. Am schönen Strom des Tajo hatte er um die Krone gekämpft, im tropischen Amerika hatte er gelebt. Dom Miguel war dieser verwünschte Prinz von Portugal. Er kam hierher flüchtig und ohne Krone, mit weniger Begleitung. Er lebte lange in dieser Einsamkeit neben den Galeerensklaven und in wahrhaft trostloser Verbannung; denn für einen flüchtigen König muß dies einsame Ufer an den pontinischen Sümpfen, welches uns, die wir nichts abzubüßen haben, idyllisch erscheint, grauenvoll gewesen sein. Er tobte seine Pein aus in dem wilden Walde Astura's als ein waghalsiger Jäger. Eines Tages verschwand er wieder. Man erzählte mir in Anzio, daß er gern mit den Fischern verkehrte und sich auch nicht scheute, von seinem unglücklichen Kampf um die Krone Portugals zu reden. Und so entfaltet sich hier im Anblick jenes Landhauses das Gemälde der fernen Zonen Brasiliens und Portugals in ihrer heißen und wilden Geschichte.

An sie schließt sich ein anderes Bild. Im Jahre 1848 landeten in diesem Hafen jene Spanier, welche der flüchtige Pius zu Hülfe gerufen hatte, den Kirchenstaat zu retten. Er saß damals, ein Verbannter, auf dem Felsen Gaeta, in dem Koblenz der italienischen Emigration von 1848 und 1849, während die Franzosen gegen Rom marschirten, die Oesterreicher Bologna besetzten, die Neapolitaner von Terracina heraufzogen, die Spanier, seit so langen Zeiten nicht mehr in Italien gesehen, in Anzio landeten. Sie besetzten alles Land aufwärts zu den Albaner- und Sabinerbergen. Sie waren schöne und fröhliche Leute, aber schlecht gekleidet und armselig ausgerüstet, so sagte man mir. Die Franzosen lösten sie ab, und mit großem Herzeleid verließen die jungen Offiziere von Valencia und Barcelona das Albanergebirge, wo die Blüte der Frauen sie entzückt hatte. Noch heute mag dort manche Schöne an die armen Hidalgos aus Spanien seufzend zurückdenken.

Porto d'Anzio besitzt kaum eine Frauenschönheit und kein nationales Costüm, weil es überhaupt erst eine werdende und zusammengewürfelte Bevölkerung hat. Aber beides, schöne Frauen und eigentümlicher Volkscharakter, zieren jene kleine Stadt Nettuno, welche malerisch auf dem östlichen Ufer steht, die schwarzen Mauern seines Castells in die Wellen hineinsenkend. In drei Viertelstunden ist man drüben; es ist von Porto d'Anzio aus ein rechter, wolgemessener Spaziergang und der schönste an dieser Küste. Das bebuschte Ufer trägt in der Mitte zwischen beiden Orten die schöne Villa des Fürsten Borghese, welcher alles Land ringsum zu eigen besitzt. Weiter hin steigen die Volskerberge auf, und das Cap der Circe schwebt vor den Augen in seiner leuchtenden Gestalt, so zauberisch in Licht und Schatten gemalt, daß es durch Form und Erscheinung an die schönsten Felsen Europa's erinnert, an Capri und den Berg San Pellegrino bei Palermo.

Man geht nach Nettuno auf der Fahrstraße der Villa vorbei, zwischen Kork- und Steineichen, und an manchem römischen Gemäuer vorüber. Ja selbst auf die Landstraße ziehen sich alte Mosaikböden hinunter, die wie natürliche Schichtungen des Bodens aus dem Erdreich hervorragen. Aber noch angenehmer ist es, unten auf dem weißen Strande den Wellen entlang zu gehen. Das Ufer besteht durchweg aus Sand von hochgelber oder glühendroter Farbe, oder aus vulkanischem Tuff. Die bläuliche Stranddistel vom baltischen Meer wächst hier allenthalben, wie die Scabiose und die Camille, aber statt der Weiden, der Erlen und Buchengebüsche muß man sich die Gewächse des Südens denken, weißblühende Myrten in herrlichster Fülle, den Mastixstrauch, den Erdbeerstrauch, den goldblütigen Ginster, der alle Küsten des Mittelmeers so reizend umbuscht, und den wilden Oelstrauch. Malerisch hängen die Malven mit ihren großen weißen Kelchen und die zartfarbigen Brombeerblüten in überreichen Kränzen von den Büschen und ringeln sich schaukelnd über den Rand der Tuffwände hinunter; prächtig blüht jetzt unter duftigen Kräutern der classische Acanthus, breitet stolz seine schönen korinthischen Blätter aus und streckt die hohe Blumenpyramide hervor, welche weiß und rosa gefärbte Blumenlappen bilden. Hin und wieder stehen an den Ufern Cactus und Aloe, doch erscheinen sie hier nur als fremde Gäste. Noch immer weilt die Nachtigall auf diesem lyrischen Ufer. Es ist nun lange Sanct Johann vorüber, wo die Vögel schweigen und der Grille Anakreons den Gesang überlassen, aber sie kann sich nicht von diesem Grün und diesen Wellen trennen; die ganze

Seeküste entlang bis nach Astura und am pontinischen Sumpf erschallt ihr melodisches Lied.

Eine tiefe Stille herscht um und in Nettuno, der Stadt des Neptun. Alte Türme aus schwarzem Tuff und crenelirte Mauern, welche der Sarazene oft genug bestürmt hat, umringen den Ort von allen Seiten. Kein Fischer noch Matrose macht das spiegelglatte Wasser lebendig, denn Nettuno hat keinen Hafen; es nährt sich von Wein- und Gartenbau und der Viehzucht.

Eine einzelne alte Säule steht auf dem Platz, als Wappen und Wahrzeichen der Colonna, denen einst Nettuno gehört hat. Die Straßen durchduften Nelken mit ihrem Arom, denn überall stehen sie vor den Fenstern, schlingen sich wie Winden herab und wiegen die unglaubliche Fülle ihrer roten Blüten in der Luft. So schöne Blumen verrathen schönere Frauen; ja die Nelken sind hier die Nationalfahnen, welche die Frauen Nettunos aus den Fenstern hängen; ihre eigene Tracht ist so flammend rot wie die Nelkenblüte.

Es ist höchst merkwürdig, daß auch die kleinsten Orte in Italien sich nach uralter Weise als Republiken für sich behaupten in Sitte, Volksphysiognomie und Tracht. Da hat ein jeder Felsen- oder Standort ein eigengeartetes Volk. Man muß diese Nettunesen bei ihren Kirchenfesten sehen, um ihre malerische Tracht vollständig vor sich zu haben als Nationalcostüm. An gewöhnlichen Tagen sind es nur Einzelheiten, die als bestimmte Merkmale auffallen, wie die schöne Weise, das Haar in der Mitte zu scheiteln und ohne Hinterzopf glatt um den Kopf zu winden, wie ferner die grünen Bandschleifen im Haar, welche dem Mädchen, die roten, welche der Frau, die schwarzen, die der Witwe unerläßlich sind, sodaß man immer weiß, wer noch *zitella* ist, oder schon *maritata*.

Ich habe dort zwei Feste erlebt, Sanct Johann und San Luigi. Am ersten Tage ging eine Procession mit Musik durch die Straßen; das Kreuz war ganz und gar mit Nelken umwunden, und Blumen trugen alle Leute. Der Procession folgten Mädchen und Frauen; es war erstaunlich, so viele herrliche Gestalten in stralenden Gewändern durch den schwarzen Ort schreiten zu sehen. Die Tracht ist diese: ein gold- und silberstreifiges Tuch liegt auf dem Kopf, in Form eines steifen, nach innen gebogenen Deckels, welcher über das Profil des Kopfes weit vorragt. Ein langes dunkelrotes Kleid von Seide oder Sammet, mit breiten Silber- oder Goldborten gestickt, fließt feierlich herab; darüber sitzt ein Jäckchen von demselben Rot, um Schöße und Aermel mit Brocat gebrämt. Blitzender Schmuck von goldenen Ringen, Ohrgehängen, Korallen und Armbändern vollendet den schönsten Anzug. Die Farbe der Gewänder ist aber auch meergrün oder veilchenblau oder ganz schwarz oder dunkelblau. Es scheint, als zwinge diese fürstliche Tracht schon an sich auch zu einer stolzen und edeln Haltung, und wahrlich, ich sah diese armen Nettunesen durch ihr verwittertes Städtchen einherschreiten mit der Grandezza der Römerinnen und nicht minder schön als sie, viele mit dem edelsten griechischen Profil, rabenschwarzen Haaren und funkelnden Augen, ein wonniger Anblick, auch das härteste Herz zu bezwingen. Als man die unvermeidlichen Böller losbrannte und die Kanonenschläge knattern ließ, welche über eine alte Mauer wie eine Guirlande gezogen waren, und nun jene edeln Frauengestalten in Gruppen hoch auf diesem schwarzen Gemäuer standen und aus den Pulverwolken die goldgestickten roten Gewänder hervorschimmerten, war es anzusehen wie ein ganzer Olymp von Götterbildern.

Und auch ohne diese Tracht sind die Nettunesen schön. Man sieht sie alle Tage an dem gemeinschaftlichen Brunnen in patriarchalischer Weise waschen, ihrer stets eine Schaar beisammen. Dem Fremden stehen sie nicht Rede, sie sind scheu wie Rehe und antworten kaum auf den Gruß, es sei denn mit niedergeschlagenen Augen.

Der Tag des heiligen Luigi hatte einen andern Charakter. Er ist ein Volksfest, und lebhaft erinnerte er mich ans Vaterland. Auf dem Marktplatz der Vorstadt hatte man ein galgenförmiges Gerüst errichtet und mit Zweigen geschmückt; vom Querbalken hing eine bewegliche Wassermulde herab; darunter mußten junge Leute auf Eseln wegreiten und geschickt ein Loch im Zapfen der Mulde mit der Lanze treffen. Ob dies nun getroffen wurde oder nicht, immer drehte sich die Mulde um und übergoß den Reiter. Schallendes Gelächter erntete jeder ein. Wer getroffen hatte, erhielt zwei Paul als Siegerlohn, welche ihm ein kampfrichtender Priester einhändigte. Als dies Spiel und ein Topfschlagen vorüber war, ging es an die Tombola oder Lotterie, ohne welche kein Fest in italienischen Landen bestehen kann. Man verspielte ein Stück Kattunzeug, welches als Fahne auf einem Balcon wehte. Ein Knabe griff die Loose und las jede Nummer und jeden Sinnspruch desjenigen ab, der das Loos gezeichnet hatte. Die Sinnsprüche erregten oftmals schallendes Gelächter. Alle diese Festlichkeiten vollzog man mit dem gebildeten Schicklichkeitsgefühl, welches dieses fein geartete und glücklich begabte Volk Italiens auszeichnet.

So lebt und vergnügt sich die kleine nettunische Nation von kaum 500 Seelen in ihrer großen Abgeschiedenheit, denn Meer und pontinischer Sumpfwald umschließen sie von beiden Seiten, und die Verkehrstraßen, hier nach Anzio, dort durch die Wildniß nach Velletri, sind wenig belebt. Doch hat Nettuno Gärten und Ackerbau und versorgt selbst Anzio mit Wein; täglich sendet es einen Wagen voll weißen Brotes nach dem Hafen, weil hier nur das gröbere Brot gebacken wird. Ich habe auch trefflichen Wein in Nettuno getrunken, und das will in diesen Zeiten etwas sagen, wo der Gott Bacchus von der Pest ergriffen ist. Eines Tags führte uns ein Bürger in seinen Tinello, seinen Weinkeller; höchst geheimnisvoll stieg er in ein Verließ hinunter und kam herauf mit dem prächtigsten roten Wein, wie ich ihn seit Syrakus nicht mehr gekostet hatte.

Nun aber hört mit Nettuno die menschliche Cultur an dieser Küste auf, denn gleich hinter der Stadt beginnt die pontinische Wildniß. Der Buschwald zieht sich bis gegen Terracina hin. Kein Ort steht mehr am Strande, nur einzelne Türme steigen aus der romantischen Einsamkeit empor, jeder etwa zwei Millien von dem andern entfernt. Die schwermutsvolle Verlassenheit dieser Ufer und der Reiz ihrer Urwildniß ist wunderbar. Man möchte glauben, nicht mehr auf dem classischen Strande Italiens, sondern an den wilden Küsten der Indianer Amerikas zu wandern. Das stete Rauschen der Meereswellen, die flimmernde Sommerluft auf dem immer flachen und weißsandigen Ufer, der endlose tiefgrüne Wald, der bis auf einige hundert Schritte nahe das Meer begleitet, das Klagegeschrei der Habichte und Falken, die still und hoch schwebenden Adler, das Stampfen und Brüllen wilder Rinderheerden, Luft, Farbe, Ton, Gestalt von Wesen und Elementen verbreiten hier eine Stimmung vollkommen mythologischer Natur.

Am 28. Juni machten wir uns auf, der Maler und ich, längs dieser Küste drei Wegstunden nach Astura zu gehen. Es war ein Morgen von krystallreiner Frische; die rosenfingerige Eos blühte eben über dem Meer auf und verklärte jenes homerische Cap der Circe vor uns, dessen Anblick über diese Ufer einen classischen Hauch ergießt. In Nettuno kauften wir uns Brot und Wein, und so wanderten wir von dannen. Auf einem alten Baumstumpf neben einem großen Kohlenhaufen hielten wir unser Frühbrot; es schmeckte uns so gut, wie es nur den wandernden Odysseus erquicken konnte, als ihm Circe das wolbereitete Mal in ihrem Palast aufgetragen hatte. Wie ist es doch herrlich, in solcher seligen Frühe, im Anblick dieser homerischen Ufer, sich hinzulagern an dem endlos blauenden Meer, welches sich weiter und weiter in Licht und Rosenduft aufzulösen scheint.

Und bis so weit war Alles Herrlichkeit in und um uns. Nun aber hob ein Sorgen an, denn wir waren in die Region gekommen, wo der Buschwald nahe ans Meer tritt. Wir fürchteten nicht die Räuber, wol aber die Büffel- und Rinderheerden, welche hier in wildem Zustande, nicht einmal von Hirten gehütet, umherschweifen.

Alles Küstenland bis Terracina ist mit zahllosen Heerden bedeckt, mit hoch und prächtig gehörnten Ochsen, Kühen und Stieren von derselben classischen Gestalt, wie man sie lebend auf der Campagna von Rom sieht, und in den Opferscenen am Fries des Parthenon dargestellt findet. Ihre Hörner sind fast drei Fuß lang, weit auseinander stehend, in den kühnsten Linien geschweift, dick, klar, und schön gefärbt. Man sieht solche Hörner fast in jedem Hause im Süden als Amulete gegen den Malocchio, den bösen Blick, und ihre Abbilder im kleinen trägt der Principe an der Uhrkette, das Fischerkind an der Halskette. Die Ochsen sind scheu und wild und höchst gefährlich, nur der Hirt auf seinem Pferde weiß sie mit der Lanze zu schrecken. Aber noch weit gefährlicher sind die Büffel. Sie leben hier in Gehegen oder laufen wild umher; gern wälzen sie sich in Morästen wie das Schwein. Sie schwimmen mit großer Leichtigkeit. Wenn man die pontinischen Sümpfe oder die Niederung von Pästum durchreist, so kann man diese schwarzen Ungeheuer rudelweise im Moor liegen sehen, woraus sie oft nur die plumpen Köpfe schnaufend hervorstrecken. Der Büffel hält den Kopf stets zur Erde und blickt tückisch von unten auf. Er gebraucht sein Horn nicht, weil dies wie beim Widder rückwärts gekrümmt ist.

Aber mit der ehernen Stirn stößt er den Menschen um, welchen er verfolgt und erreicht, dann senkt er seine plumpen Kniee auf seinen Leib und zerstampft ihm die Brust, so lange er noch einen Odemzug darin verspürt. Das fürchterliche Thier bändigt der Hirt mit dem Speer. Er zieht ihm den Ring durch die Nase, und so wird es vor den Karren gespannt, die schwersten Lasten, Steinblöcke und Stämme fortzuschleppen. Die Büffelkuh gibt aus ihrer Milch die Provatura, den Büffelkäse, welcher schwer verdaulich ist. Das Büffelfleisch ist hart, und weil es verachtet wird, kaufen es die armen Juden im Ghetto zu Rom, deren allgemeine Fleischspeise es ist. Büffelheerden bevölkern die pontinischen Sümpfe, jene trostlosen und fieberfeuchten Reviere von Cisterna, Conca und Campomorto, wo selbst der Mörder nicht gefahndet wird, wenn er sich dort hinüber rettet; die Menschen aber, welche jene Büffelheerden beaufsichtigen, fieberhaft und elend, leben selbst im Zustande der Verwilderung, fast den Indianern der Prärien zu vergleichen.

Vor solchen Begegnissen hatten wir nicht geringe Angst, und kaum waren wir in jene Region des Buschwaldes gekommen, als wir das ganze Ufer von Heerden wimmeln sahen. Sich allein überlassen, haben sie hier ihre althergebrachten Pfade, wie die Regel ihrer Stunden. Mit dem Morgen kommen sie aus dem Buschwald ans Meer, um das Salzwasser zu saufen, dann strecken sie sich am Strand hin oder weiden an der Küste. Sie bleiben dort die heiße Tageszeit über, und wenn die Nachmittagskühle zu wehen beginnt, erheben sie sich vom Sande und wandeln langsam grasend die Küste hinauf und ziehen sich weiter ins Gebüsch, bis sie im tiefen Wald zur Nachtzeit sich niederlegen, um dann Morgens wieder zur Küste hinabzusteigen.

So standen wir zweifelnd bei diesem Anblick der wimmelnden Küste still. Wie sollten wir hindurchkommen, da zahllose Rinder sie bedeckten, uns den Weg abschnitten, und da viele schon in den Wellen standen, um die Flut zu schlürfen. Wenn wir nun auf dem Strande fortgingen, so durchschnitten wir offenbar ihre Richtung, weil sie doch den Zug meerwärts nahmen, und irgend ein wütender Stier schleuderte uns vielleicht nach dem Cap der Circe hinüber. Wir überlegten daher, ob es nicht besser sei, uns dem Buschwalde nahe zu halten, und „dieser Rat schien den Zweifelnden endlich der beste".

Immer stiegen neue Scharen herab und andere ließen sich im Walde vernehmen, wo sie aus dem Myrtendickicht hervorbrachen. Ein paar herrliche Stiere sahen uns, hoben die schimmernden Stirnen auf, stutzten; wir wandten uns stillschweigend seitwärts nach dem Busch und im Augenblick waren wir darin.

Schwerlich kann sich die Phanatsie einen Buschwald denken, der sich zum Räuberwesen besser eignete als dieser Wald von Astura. Hier sind es noch nicht hochstämmige Eichen, die ihn bilden, sondern dichtestes Gestrüpp von Korkholz, Oleaster, Mastix, Arbutus, Schwarzdornen und Myrten. Die Gebüsche sind von Schlingpflanzen dicht verfilzt oder vom Epheu so ganz übersponnen, daß sie hohe Kuppeln nebeneinander bilden, gleich grünen Waldmoscheen, undurchdringlich für die Sonne oder den Regen. Wir fanden Myrtengebüsche in Baumeshöhe, und rings flog und wehte ein Geruch der Wildniß, welcher alle Sinne durchdrang. Der Boden ist wellenförmig gehügelt, von Quellen durchrieselt, oder von Sümpfen durchzogen. Das Stachelschwein, die Schildkröte und die Schlange wohnen hier. Oft sahen wir die zerrauften Flügel und Federn eines wilden Huhns am Boden hingestreut, Reste eines Adlermals, deren Anblick die düstere Poesie dieses Ufers noch erhöhte.

Wir vermieden glücklich die Heerden, und so oft ein Nachzügler herabkam, hielten wir uns still im Busch, bis er vorüber war. Nachdem wir kreuz und quer über Quellen und Gräben und Hecken gestiegen waren, gelangten wir endlich wieder ans Ufer, sahen den Strand frei und ruhten behaglich an einem Gemäuer am Meer, von dem eine Verzäunung quer über den Strand gezogen war, die Abteilung einer Heerde zu bezeichnen. Auch dies Gemäuer gehört zu einem alten römischen Palast, wie uns ein Stück Mosaik überzeugte.

Wir hatten nun Astura eine Stunde weit vor uns, und indem wir auf dem öden Strande den melancholisch rauschenden Wellen entlang gingen, überschlich mich selbst eine Traurigkeit, wie solche die Seele an Gräbern großer Vergangenheit zu rühren pflegt. Es ist nicht die Erinnerung an das Ende des jungen Konradin und des Hohenstaufengeschlechts allein, was diesen Ufern ihre wehmütige Stimmung gibt und das deutliche Gemüt mehr als ein anderes ergreifen muß; es ist auch der Charakter der Natur selbst. Ich wünschte ihn so ganz ausdrücken zu können, wie es mein Gefährte in seiner Zeichnung vermochte, auch will ich hoffen, daß er die Blätter, die er hier entworfen hat, bald veröffentlichen wird. Ueberhaupt sollte irgend ein artistisches Institut Deutschlands ein Hohenstaufen-Album herausgeben.

Laubwärts schließt hier die Gegend der Sumpfwald, über welchem die Volskergebirge aufsteigen und in ernsten Formen sich zum Meere niedersenken; seewärts erhebt sich inselartig das Cap der Circe; im Mittelgrunde zieht der schneeweiße Strand hin und endet in einer aufs Meer laufenden Düne. Auf ihr steht einsam eine kleine gemauerte Kapelle, und wenige Schritte weiter erhebt sich mitten in der Flut das Schloß Astura, ein kleines Viereck von crenelirten Mauern, aus dessen Mitte ein Turm ragt. Kapelle und Schloß sind die einzigen Gebäude, die man in dieser grenzenlosen Einsamkeit erblickt. Weit und breit sahen wir keine andere lebende Seele als ein paar dunkle Gestalten auf den Zinnen der Burg, und zwei graue Fischer saßen am Gemäuer schweigend und wie verzaubert in der flimmernden Sonnenwärme und flochten still vor sich hin ein Trugnetz von Binsen, den Fisch zu umgarnen, während ihre Barke auf den smaragdenen Wellen schaukelte.

Es war in den letzten Tagen des August 1268, nach der verlorenen Schlacht bei Tagliacozzo, als über diesen Strand gesprengt kamen fliehend und angstvoll der junge Konradin, Friedrich, Prinz von Oesterreich, der Graf Galvan Lancia mit seinen Söhnen und die beiden Grafen della Gherardesca, Verwandte des unglücklichen Ugolino von Pisa, welchen Dante unsterblich gemacht hat. Sie waren von Rom gekommen, denn so erzählt der Chronist Saba Malaspina, daß sie nach der Schlacht in jene Stadt geflüchtet waren, wo Guido von Montefeltre als Vicar des Senators Heinrich von Castilien zurückgeblieben war. Konradin war dort eingezogen „mit abgelegtem Pomp der Macht, nicht wie ein Oberhaupt, sondern wie Einer, der seine Beute im Stich gelassen und entflohen war, heimlich, verstörten Sinnes" *(latenter ingreditur mente captus)*. Aber zugleich waren seine Feinde Johann und Pandolf Savelli, Berthold und viele Guelfen vom Schlachtfeld her nach Rom gekommen und wiegelten die Stadt auf: da rieten dem Jüngling seine Freunde, schnell zu entfliehen. Sie flohen gegen das Meer, um von dort Pisa zu erreichen und dann nach Sicilien zu gelangen. Sie suchten ein Schiff, das sie fortbrächte; die Leute im Schloß Astura gaben es ihnen, und also stachen sie in See. Aber Johannes Frangipani, der Herr von Astura, erhielt davon Kunde, und indem er aus den Kleinodien, welche Konradin hergegeben hatte, erkannte, daß die Flüchtlinge vornehme Herren seien, bemannte er sogleich ein anderes Schiff, setzte ihnen nach, und führte sie in das Schloß zurück. Vergebens beschwor ihn Konradin, ihn und die Seinigen durch die Flucht zu retten, sie nicht in die Hände des blutgierigen Karl zu liefern; er mahnte ihn an die Dankbarkeit, die er dem Schwabenhause schulde, denn die Frangipani hatten vom Kaiser Friedrich große Lehen und Johann selbst den Ritterschlag erhalten. Konradin versprach ihm den reichsten Lohn; es heißt, er verpflichtete sich sogar, Frangipani's Tochter seine Hand zu geben. Der Herr von Astura schwankte, vielleicht gerührt von der Jugend, von der Anmut und dem Unglück Konradins, hauptsächlich aber, wie auch die Chronisten sagen, ungewiß, wo er größern Gewinn zu ziehen habe, von Konradin oder von Karl von Anjou.

Während sie so im Schloß hin und her unterhandelten, erschien Robert von Lavena, Capitän der Galeeren Karls, vor dem Castell und forderte Frangipani auf, ihm die Flüchtlinge auszuliefern. Saba Malaspina erzählt, daß Frangipani diese Unglücklichen in ein anderes Castell in der Nähe gebracht habe, um nicht wider seinen Willen und ohne Ausbedingung des Lohns von Robert zur Ueberlieferung Konradins gezwungen zu werden. Aber dies Castell wird nicht benannt.

Bald darauf erschien auch von der Landseite der Cardinal Jordan von Terracina, Rector der campanischen Grafschaft für den heiligen Stul, mit Volk zu Fuß und zu Roß vor Astura und forderte die Auslieferung. Da gab der feige Verräter die edeln Herrn, welche das Gastrecht bei ihm angesprochen hatten, um Judaslohn in die Hände der grausamen Feinde. Man führte sie durch den Wald in die Burg oberhalb Palestrina und von dort weiter durch die schönen Gefilde, welche Konradin kurz vorher siegreich durchzogen hatte, nach Neapel. Schon am 29. October fielen die Edeln auf dem Schaffot, Konradin zuerst, dann Friedrich, die tapfern Grafen della Gherardesca, der hochherzige Galvan Lancia, der Bruder jener schönen Blanca, welche dem großen Kaiser Friedrich Manfred geboren hatte, und seine beiden jungen Söhne Galeotto und Gherardo, die man in des Vaters Armen zuvor erwürgte.

Am Turm Astura auf dem einsamen Ufer kamen mir wieder alle jene fernen Stätten, welche die Geschichte der Hohenstaufen geheiligt hat und die ich, Italien durchwandernd, besuchte, in die Erinnerung. Da trat auch vor mich die schöne, blondgelockte Gestalt Manfreds vom Feld von Benevent, wie sie Dante erschien mit doppelter Wunde auf Stirn und Brust und klagte: *„I' son Manfredi, Nipote di Costanza imperadrice!"* Ich ließ meine Blicke fern über das Meer schweifen, dorthin, wo das schöne Sicilien liegt, und unter immer blühenden Gärten jenes alte, berühmte Schloß von Palermo steht, in dem einst Friedrich als Jüngling gelebt hatte, und von wo er dann nach Deutschland gezogen war. In der Erinnerung stand ich wieder im Dome Palermo's, in jener Kapelle, wo in blutroten Porphyrsarkophagen Heinrich VI., Friedrich und die beiden Constanzen ruhen, die Kronen auf dem Haupt und angethan mit der seidenen Dalmatica, deren Saum sarazenische Inschriften verzieren.

Wir gingen ins Schloß. Eine gemauerte Brücke verbindet es mit dem Lande, und eine Zugbrücke führt in das Innere. Aus dem kleinen Hof erhebt sich der achteckige Turm, und oben läuft um ihn her eine Terrasse, auf welcher eine einzige verrostete Kanone stand. Die Besatzung, acht Mann Artillerie, excircirte eben im Hofraum, und Don Pasquale, Leutnant von Astura, sah von der Terrasse nieder wie Einer, der gern irgendwo anders, nur nicht hier sein möchte. Er führte uns in sein kleines Turmgemach; er selbst malt gut und tröstet sich in seiner schauervollen Einsamkeit mit Zeichen von pompejanischen Arabesken. Der Leutnant sagte uns, daß jeder dieser Küstentürme acht Mann Besatzung habe mit einem Marschall oder Offizier, und daß die Küstenwacht, aus Furcht vor mazzinistischen Handstreichen, nun strenger gehandhabt werde. Wir besahen die kleinen Räume des Schlosses, traurige Turmzimmer, an deren Wänden die Spinne ihre Netze webt und in deren Ritzen der Scorpion sich eingegraben hat; aber die Aussicht nach allen Fernen in die grüne Wüste landhinein und in die stralende Meeresweite, über welche Wanderschiffe dahingleiten, ist ergreifend, ja ich möchte sagen, sie ist berauschend. Es ist ein Turm für einen Barden, hier die Harfe zu schlagen und mit einem Schwanenlied zu sterben, wenn die niedersinkende Sonne das Cap der Circe in Purpur malt. Dann, in dieser sirenischen Stille, wandelt es über das Meer, ein Schein, nicht in Worte zu fassen, ein Geist der Beseligung, ohne Namen; es ist, wie wenn Schlaf und Tod über See schweben, und jenes eilende Schiff, das um das Cap der Circe geisterhaft zu kreisen scheint, trägt vielleicht den Gott des Traumes, welcher Schlummer und Ruhe über die Wellen streut.

In sanften Uebergängen wechselt die Stimmung. Wenn das Cap der Circe fort und fort an die homerischen Sagen erinnert und odysseische Gestalten vor die Seele führt, erhebt auch der alte Turm Astura seine Stimme und redet von ebenso großen und tiefsinnigen Sagen. Was verknüpft er nicht mit den Namen der Hohenstaufen und Karls von Anjou aus der Provence! Ehe man es gewahr wurde, ist man schon in den „Parzival" Wolframs von Eschenbach versenkt, und Konradin wird zum Parzival, der in die Welt hinausreitet, die heilige Blutschale des Graal zu finden, Elisabeth von Baiern aber wird zur Herzeleide, zu seiner Mutter, die ihn nicht will ziehen lassen, und so erscheinen Gottfried von Anjou, der Ritter Gawein und Feirefiz, Arthur und Titurel, das Graalschloß im wilden Walde, die Sarazenen, Harfner, Büßer, Pilger und tiefsinnige Weise des Morgenlandes.

Astura ist die Warte der Romantik, der deutsche Poetenturm in Italien. Er gehört den Romantikern wie die blaue Grotte in Capri. In der Stille habe ich von ihm in ihrem Namen Besitz genommen und dies Sagenschloß für deutsches Nationaleigentum erklärt.

Aus der Zeit der Frangipani ist nur der Turm allein, alles übrige Gemäuer spätern Ursprungs, denn schon im Jahre 1286 kamen die Sicilianer, welche den Mord Konradins durch die Vesper an dem Könige Karl so blutig gerächt hatten, unter ihrem Flottenhauptmann Bernardo da Sarriano vor das Schloß, zerstörten es bis auf den Turm und erstachen auch den Sohn Frangipani's. Heute sieht man an der Außenmauer das Wappen der Colonna, denn diese mächtigen römischen Ghibellinen besaßen einst das Schloß. Nach den Frangipani war es Lehn der Gaëtani geworden, dann hatten es nacheinander besessen die Malabranca, die Orsini, die Colonna, welche es im Jahre 1594 an Clemens VIII. verkauften. Heute ist Astura ein Besitztum der Borghese.

Aber auch ältere historische Erinnerungen knüpfen sich an dies Astura. Schon vor der Schloßbrücke war mir ein Marmormosaikboden aufgefallen, welchen der Ufersand nur leicht bedeckt, und bald sah ich, daß dies Castell mitten in den Wellen auf den Fundamenten eines großen römischen Palasts steht, welche noch von allen Seiten, und um Vieles umfangreicher als das Schloß, unter der Flut heraufspiegeln oder frei hervorragen. Auf einer Sandbank war dieser Palast aufgebaut; vielleicht nennt deshalb Plinius Astura, die Colonie Antiums, eine Insel, denn so bezeichnet er den alten Ort als Fluß und Insel. Strabo nennt den kleinen Fluß Storas (Στόρας ποταμός); Plutarch den Ort Astyra (τά Άστυρα), und er erzählt von einer andern tragischen Flucht, die hier ihre Scene hatte, von jener Cicero's. Fürwahr, meine Leser sollen nicht wenig erstaunen, zu erfahren, wie viel andre dunkle Erinnerungen dies Astura verbirgt, und wie es schon lange vor Konradin ein verhängnißvoller, den Eumeniden geweihter Ort gewesen ist.

Cicero besaß hier eine Villa. Er nennt sie oft in seinen Briefen und schreibt einmal von Astura aus an Atticus: *„Est hic* *locus amoenus et in mari ipso, qui et Antio et Circaeis aspici possit.*" (Es ist hier ein angenehmer Ort und im Meere selbst, den man von Antium und Circëi erblicken kann.) Er wohnte gern in diesem Landhaus, das ihm mehr als jede andere seiner köstlichen Besitzungen Einsamkeit und Muße bot. Kurz vor seinem Ende hielt er sich hier auf, ja Astura selbst brachte ihm das Verderben. Als er im Frühling vernahm, daß er auf die Proscriptionliste gesetzt sei, flüchtete er dort hin; Plutarch erzählt, er habe hier ein Schiff bestiegen, um nach Macedonien zum Brutus sich zu retten. Aber er schwankte in seinem Entschluß, er kehrte wieder um. Indem er nun nach Rom wollte, das Herz Octavians zu erweichen, verließ er Astura in der Richtung auf die Stadt, doch nach zwölf Millien kehrte er plötzlich, von Furcht bewegt, wieder um. Nun ließ er sich in einer Sänfte gegen Gaëta tragen; unterwegs ereilten ihn an der Stelle, die man noch heute bezeichnen will, nachfolgende Reiter und gaben ihm den Tod.

Wunderbar! Derselbe Octavian holte sich, wie Sueton erzählt, in demselben Astura den Todeskeim. Er kam hierher vor seinem Ende, auf seiner letzten Reise nach Campanien. „Und nachdem er seine Fahrt begonnen hatte, gelangte er nach Astura, und wie er von hier wider seine Gewohnheit zur Nachtzeit ausfuhr, den günstigen Wind zu benutzen, zog er sich den Grund seiner Krankheit zu aus einer Dysenterie." Er starb bald darauf in Nola, nachdem er kurz vorher in Capri gewesen war.

Aber hier endete der dämonische Einfluß Astura's noch nicht. Auch des Augustus Nachfolger Tiberius erkrankte in demselben Astura kurz vor seinem Tod. Dies sind die Worte des Sueton: „Er kehrte eilig nach Campanien zurück und verfiel in Astura sogleich in eine Krankheit. Er erholte sich ein wenig und schiffte dann nach dem Cap der Circe." Hier wurde er kränker, hielt sich jedoch aus Furcht aufrecht, schiffte nach Misenum, da er Capri nicht erreichen konnte, und fand dort seinen Tod.

Und was soll man dazu sagen, wenn eben dies Astura seine dämonische Gewalt auch an Tiberius' Nachfolger geltend gemacht hat? Denn kurz vor seinem Tode landete auch Caligula hier, und Plinius erzählt: „Ein Fischchen, Remora genannt, hängte sich an den Mast des Fünfruderers, welcher den Caligula von Astura nach Antium führte, und das betrachtete man als eine Vorbedeutung seines nahen Todes."

Astura mala terra, maladetta! Und auch uns, harmlose Wanderer, sollte der verhängnisvolle Turm noch in atemlose Flucht und in schimpfliche Todesangst versetzen.

Als wir Astura verließen, beschlossen wir, nicht wieder den Weg am Meer entlang zurück zu nehmen, sondern durch den Urwald zu gehen, von dessen Pracht wir so viel gehört hatten. Der wegewirren Wildniß nicht kundig, nahmen wir mit uns einen Soldaten aus dem Turm, einen schönen, athletisch gebauten jungen Mann, der uns einige Millien begleiten und zugleich als Beistand nicht gegen Räuber, wol aber gegen Büffel und Stiere dienen sollte. Wir wandten uns rechts, eine Weile am Strand entlang gehend, wo wir auf dem Ufer die prächtigsten schwarzen Stiere sahen, von so herrlicher Gestalt, daß Jupiter keine andere gewählt hat, als er die schöne Europa durch das Meer trug. Bald umgab uns der Wald. Wir gingen zwischen duftigen Myrtengebüschen und unter riesengroßen breitwipfeligen Eichen auf Waldpfaden fort und ergötzten uns an der Sonnendämmerung, welche überall durch die Wipfel ihre Lichter spielen ließ.

Der Wald bei Astura ist sehr schön. Ich dachte an die heimatlichen Küsten und ihre hochstämmigen Eichen, durch die das blaue Meer scheint, und konnte mich ganz in die Vergangenheit zurückversetzen. Dort ist es auch schön zu wandern und Reh und Hirsch zu belauschen, wenn sie im Busche stutzend und neugierig ihr gehörntes Haupt hervorstrecken; hier blickt aus dem Waldesschatten statt ihrer manchmal das schwarze Haupt eines Büffels oder die hochgehörnte Stirn eines wilden Rindes, und lange schöngefleckte Schlangen schlüpfen über den Pfad.

Der Pflanzenwuchs hier ist von einer tropischen Pracht; der Epheu umschlingt die majestätischen Eichen, Stamm neben Stamm, und bewundernd stand ich vor dieser noch nie in solcher Herrlichkeit gesehenen Naturkraft. Denn die Epheuranke selbst hat einen Stamm so dick wie ein Baum; so umstrickt sie die große Eiche, ringelt sich mit Gewalt um sie, wie die Schlange Laokoons, zieht sich zusammen, als wollte sie den ungeheuern Stamm mit den Wurzeln dem Boden entreißen und in herculischer Umarmung ersticken, und tausend grüne Aeste, Zweige und tanzende Ranken läßt sie herniederhängen, und windet und knüpft ihre Schlingen durch alles knorrige und laubige Eichengeäst fort bis zum sonnigen Wipfel, welchen der Flügelschlag wilder Waldvögel umkreißt.

Wir waren so in immer angespannter, froher Betrachtung einige Millien fortgegangen. Der Soldat von Astura hatte uns auf den Weg gebracht, der nun wieder an die Küste hinabführte, und verließ uns, als der Wald lichter wurde. Bald, so sagte er, würden wir in niedriges Gebüsch kommen und das Meer sehen. Wir gingen nun allein fort zwischen Myrten und Oelgesträuch in der heitersten Stimmung. Plötzlich sahen wir vor uns eine Heerde, wol mehr als hundert Stück beisammen. Wir blieben stehen. Ein Stier stutzte, hob die Stirn auf, sah uns mit majestätischem Ernst an, löste sich von der Heerde ab und kam gegen uns. In diesem Augenblick machte mein Gefährte den verdammten großen weißen Malerschirm zu, und kaum hatte er das gethan, als der Stier wild wurde und einen Sprung that; sogleich setzte sich die ganze Heerde gegen uns in Bewegung. Eine Staubwolke erhob sich im Walde, und wie wir in wilder Flucht davonsprangen, voll Angst immerfort umschauend, war es ein grauser und schöner Anblick, im wirbelnden Staube diese mächtigen Geschöpfe daherstürmen zu sehen. Wir sprangen ins Dickicht, und über hohe Gebüsche setzten wir hinweg und schlüpften wieder durch die Myrtensträucher und sprangen weiter, an den Händen von den Dornen blutend, die uns zerrissen, hinter uns die wirbelnde Staubwolke, die herausblitzenden Hörner und das Gekrach der brechenden Büsche.

Ich sah niemals so die lebendige Physiognomie des Entsetzens als auf dem Angesicht meines Gefährten, und mein Schreck war um nichts geringer. Endlich wurde es still, wir waren im dichten Wald und nichts mehr war zu sehen. Die wilde Heerde war meerwärts fortgestürzt.

Wir holten jetzt Odem und gingen tiefer in die Wildniß hinein, immer nach den Stieren umschauend, bis wir gegen die Küste kamen und, da wir diese frei fanden, auf den Strand sprangen. Und nie habe ich die Meereswellen mit solcher Freude begrüßt. So mußte ich in Astura, auf den Spuren Konradins, selbst erfahren, was atemlose Flucht und Todesangst sei. Es war, als hätte mir irgend ein Geist, der Dämon dieses Ortes, weil er mich von Erinnerung so tief bewegt gesehen, von des armen Konradins Flucht ein lebendiges Nachgefühl geben wollen. Doch waren die Stiere der Wildniß barmherziger, als es einst die Menschen hier gewesen sind.

So wanderten wir weiter und ruhten wieder an den Trümmern des alten Palasts eine Stunde vor Astura, dessen melancholisches Schloß nun schöner und schöner die sinkende Sonne umstralte. Neue Sorge erfaßte uns, als wir hierauf den ganzen Strand bis Nettuno hin mit Heerden erfüllt sahen. Einige lagerten noch am Meer, andere zogen sich schon aufwärts, denn es begann die Abendkühle, wo sie wieder zu Walde gingen. Als wir nun vorwärts schritten, war es wie ein

Spießrutenlaufen an hundert und aber hundert spitzen Hörnern vorbei; aber die herrlichen Geschöpfe thaten uns kein Leid, weil wir hinter ihrer Richtung an den Wellen blieben; auch kamen zwei stattliche Hirten, die ersten, die wir sahen, mit ihren Lanzen das Meer entlang gesprengt und flößten uns guten Mut ein.

Glücklich erreichten wir Nettuno und betrachteten von hier aus freudigen Gefühls die zurückgelegte Straße und das Schloß Astura, welches nun wieder in traumhafter Weite wie ein Schwan auf den abendlichen Wellen zu schwimmen schien.

Die Insel Capri

Votum fecit, gratiam recepit.

Einen ganzen Sommermonat lebte ich auf dem Eiland Capri und genoß die Fülle zaubervoller Einsamkeit des Meers. Nun möchte ich auch diese märchenhaften Erscheinungen festhalten; aber ihre Schönheit, ihre Stille und Heimlichkeit ist mit Worten kaum zu sagen.

Jean Paul hat Capri mit einer Sphinx verglichen; mir kam die schöne Insel, wenn ich sie vom Festland betrachtete, wie ein antiker Sarkophag vor, dessen Seiten schlangenhaarige Eumeniden schmücken; darinnen aber liegt Tiberius. Und so reizte mich dies classisch geformte Eiland immerdar durch seine Gestalt, durch seine Einsamkeit und die düstern Erinnerungen an jenen Kaiser Roms.

An einem Sonntag, es war die heiterste Frühe, stiegen wir in Sorrento in die Barke und ließen uns nach Capri hinüberrudern. Das Meer war so still wie der Himmel, und Alles in weiter Ferne in träumerischem Duft verloren; aber Capri stand vor uns groß und ernst, klippenstarr und felszackengepanzert, in der melancholischen Wildheit seiner Berge und in der Schroffheit der steilen Kalkwände von roter Farbe, fürchterlich und lieblich zu gleicher Zeit. Auf den Höhen braune Castelle, nun zerfallen; verlassene Strandschanzen mit verrosteten Kanonen, die schon der Ginsterstrauch mit gelben Blumenästen überdeckt; Klippen wild und schartig, in den Aeter hinaufgreifend und von Seefalken überflattert, vogelheimisch und sonngewohnt, wie Aeschylus sagt; Hölen tief unten, dämmervoll und märchenhaft; aber oben auf dem gebogenen Rücken des Eilandes ein heiteres Städtchen mit weißen gewölbten Häusern, mit hohen Mauern und einer Kirchenkuppel; unten an der schmalen Marina der Hafen der Fischer und viele aufgereihte Barken.

Die Glocken läuteten eben und verhallten, da wir an den Strand fuhren, auf dem Ufer aber stand ein Fischermädchen, die Holzbank haltend, welche sie gleich in die Wellen hineinschob, als das Boot landete, damit wir trockenen Fußes ans Land kämen. Wie ich ans Ufer sprang, auf dies seltsame Capri, das ich mir im Norden so oft vorgestellt hatte, fühlte ich mich gleich wie zu Hause. Alles war still und verschwiegen, kaum ein Fischer war zu sehen, nur ein paar badende Kinder an einer Klippe, ein paar Fischermädchen am Ufer, die Felsen ringsumher ernst und still. In eine wilde und zauberische Einsiedelei war ich eingetreten. Und nun ging es von der Marina gleich aufwärts auf einem steilen und mühsamen Pfade zwischen Gartenmauern nach der Stadt Capri.

Tritt man in dieselbe, über einer hölzernen Brücke und durch das alte Tor, so hat man gleich das originellste Bild von Frieden, Bedürfnißlosigkeit und Kindlichkeit vor sich. Denn dort sitzen auf den steinernen Stufen der Kirche auf einem ganz kleinen Platze Bürger in ihren Festkleidern und plaudern, hier spielen Kinder mit lärmender Fröhlichkeit, und der Platz selbst sieht aus, als hätten sie ihn im Spiel aufgebaut. Die Häuser sind klein, mit platten und in der Mitte gewölbten Dächern; fast über jedes schlängelt sich ein Rebenstock.

Durch enge Straßen, die niemals ein Wagen befuhr, geht man zur Locanda des Don Michele Pagano, vor welcher ein Palmbaum seine majestätische Krone erhebt. Auch hier glaubt man in die stillste Einsiedelei einzukehren, in eine Herberge für Pilger mit Stab und Muschelhut.

Kaum waren wir in unser Zimmer eingezogen, als uns ein murmelnder Gesang wieder auf die Gasse trieb. Es war Sonntag, und eine Procession durfte nicht fehlen. Aber wie bizarr und fremd war der Anblick! Sie gingen, Männer und Frauen, jene in weißen Kapuzen, diese in weißen Schleiern, hinter dem Kreuz einher. Um die Kapuzen hatten sie einen grünen Kranz aus den Zweigen des Brombeerstrauchs gewunden, und auch der Strick auf der Schulter zeigte, daß es um Buße zu thun war, denn die Procession galt der Traubenkrankheit. So zogen sie mit Gesang durch die Straßen, und so heidnisch sahen diese dornbekränzten Gestalten aus, daß es schien, es sei dies ein Zug von Bacchuspriestern, die zu einem Tempel des Dionysos zogen. Fast alle Männer trugen diese Kränze und auch solche, welche nicht in der Kapuze der Brüderschaft gingen. Vor allen fiel mir ein Kopf eines alten Invaliden mit silberweißem Haar und Bart auf, der unter dem Brombeerkranz ganz und gar wie ein Satyr aussah. Hinter den Männern Frauen und Mädchen in langen Schleiern. Weil nun die Gassen so eng sind, daß nur zwei Menschen nebeneinander Raum haben, so waren sie, wenn die Procession sie durchschritt, von einer Wand bis zur andern erfüllt.

Das war mein Willkomm in Capri. Seitdem lebte ich dort die glücklichsten Tage, und weil ich nun kaum eine andere Stelle in der Welt so eifrig durchwandert und durchklettert habe, in allen Höhen wie in allen zugänglichen Grotten der Tiefe, und weil mir Capri und sein Volk so überaus lieb geworden ist, so will ich es mit diesem Inselbilde machen wie dankbare Schiffer, die eine Votivtafel stiften und darunter schreiben: *Votum fecit, gratiam recepit.*

Die Insel hieß bei den Griechen und Römern Caprea oder Capreä. Man will den Namen aus dem Lateinischen erklären, wo er Ziegeninsel bedeutet. Andere leiten ihn aus dem Phönizischen ab, wonach *Capraim* Zweistadt heißen soll. Den Griechen galt die Insel als ein Sireneneiland, und noch heutzutage hat eine Stelle am Ufer den Namen La Sirena beibehalten. Doch liegen die Sireneninseln des Homer, wie man es einmal angenommen hat, Capri gegenüber an der amalfitanischen Seite des Caps der Minerva, und dieses selbst, heute Capo di Campanella genannt, wird auch für die Insel der Circe gehalten. Ringsum also ist fabelhaftes, odysseisches Land, die Heimat der Sirenen, deren Gesang den Schiffer hier berückte, wenn er aus dem Golf von Posidonia an diesen schroffen Inselklippen vorüberfuhr.

Man weiß nicht, wann Capri seine ersten Bewohner erhalten hat. Vielleicht waren es Osker vom Festland, die sich hier zuerst niederließen. Daß sich auch Phönizier dort ansiedelten, nimmt man für gewiß an, und ihnen schreibt man die Gründung der beiden Städte zu, denn die von Natur in eine niedere und höhere Hälfte geteilte Insel hatte wol schon vor Zeiten zwei Orte; Strabo sagt: „Capri hatte ehemals zwei kleine Städte, nachher nur eine."

Später kamen Griechen in das schöne Wasserbecken Neapels, den Krater, wie ihn die alten Geographen nennen, und ließen sich an den Küsten und auf den Inseln nieder. Nach Capri aber zogen die Teleboer, Männer akarnanischen Stammes, wie Tacitus und Virgil sagen. Der erste griechische Herrscher der Insel wird Telone genannt.

In jener Zeit, etwa im 8. Jahrhundert vor Christi Geburt, siedelten sich Griechen an beiden Golfen von Posidonia und Neapel an, sie erbauten Cumä und Neapolis, und bemächtigten sich der Inseln dieses herrlichen Meers. Dem höchstgelegenen Ort in Capri gaben sie den noch dauernden Namen Ana-Capri, oder die Oberstadt. Horcht man auf die Sprache der heutigen Capresen, so möchte man manchen griechischen Laut zu hören meinen, und blickt man in die kleinstirnigen, edelgeschnittenen Gesichter der Weiber, so möchte man hellenische Züge darin erkennen wollen, ein Wahn, der durch die kunstlos ideale Tracht des tief geknoteten Haars noch verstärkt wird. Aber die Griechen, obwol auch noch in nachrömischer Zeit Herrn des Eilandes, sind doch sehr ferne Ahnen dieses Inselvolks, in dessen Adern sich das Blut mischte wie in denen der Neapolitaner selbst.

In jener Zeit bauten die Hellenen Tempel auf der Insel, von denen keine Spur blieb. Noch Augustus erfreute sich an den gymnastischen Spielen der Jünglinge Capris, denn zu seiner Zeit hatte diese Insel noch hellenisches Wesen. Er liebte Capri. Er trat den Neapolitanern, welchen sie damals gehörte, daß Eiland Ischia ab und tauschte dafür diesen classisch geformten Felsen ein. Als er nämlich einst hier am Strande aus dem Schiffe stieg, brachte man ihm als gute Vorbedeutung die Nachricht, daß eine altersdürre Steineiche plötzlich frisch zu grünen begonnen habe. Dies erfreute den Kaiser so, daß er jenen Tausch beschloß.

Die balsamische Luft der kühlen Insel, die seltene Schönheit der Felsform wie der griechische Charakter des Volks behagten Augustus; er baute sich in Capri eine Villa und Gärten. Dieses Landhaus stand nach dem Glauben der Altertumsforscher auf der Stelle, wo heute die mächtigen Trümmer der Villa di Giove liegen, welche das Volk vorzugsweise Villa des Tiberius nennt.

Ohne Zweifel waren es seine letzten Lebensjahre, in denen Augustus das Eiland besuchte. Kurz vor seinem Tode brachte er hier in Gesellschaft des Tiberius und des Sterndeuters Thrasyll vier heitre Tage zu, wie Sueton erzählt. „Als er zufällig dem Golf von Puteoli vorbeifuhr, war eben ein alexandrinisches Schiff gelandet; Reisende und Mannschaft legten weiße Gewänder an und bekränzten sich; sie opferten Weihrauch, erhoben sein Lob und wünschten ihm Heil, denn von ihm hätten sie Leben, Schiffahrt, Freiheit und Glücksgüter. Das erfreute ihn so sehr, daß er unter seine Begleiter 400 Goldstücke verteilte; sie mußten ihm zuschwören, dies Geld nicht zu andern Dingen verwenden zu wollen, als von den

Alexandrinern Waaren zu kaufen. Aber auch an allen übrigen Tagen verteilte er Geschenke, Togen und Pallien, und befahl, daß die Römer griechisch und die Griechen römisch sich kleiden und sprechen sollten. Beständig sah er den Uebungen der Epheben (in Capri) zu, von denen noch aus dem alten Institut eine Anzahl übrig geblieben war. Er gab ihnen einen Schmaus und erlaubte ihnen Aepfel und Nachtisch und zugeworfene Geschenke scherzend sich aus den Händen zu reißen, einer dem andern. Und keine Art von heiterm Vergnügen schloß er aus. Ein Capri nah gelegenes Eiland nannte er Apragopolis wegen des Nichtsthuns Derer, die aus seinem Gefolge dahin sich entfernten. Einen von seinen Lieblingen, Masgaba, pflegte er, gleich als wäre er der Gründer des Eilands, Ktistes zu nennen; als er nun von der Tafel aus das Grab dieses Masgaba, welcher ein Jahr zuvor gestorben war, von einem großen Schwarm mit vielen Lichtern besucht sah, sprach er mit lauter Stimme den improvisirten (griechischen) Vers:

„Des Gründers Grab, im Brande seh' ich es."

Er wandte sich dabei an Thrasyll, den Begleiter des Tiberius, der ihm gegenüberlag, und fragte ihn, von welchem Dichter er wol glaube, daß der Vers sei. Als dieser stockte, fügte er einen zweiten hinzu:

„Schaust du den Masgaba mit Fackelschein geehrt?"

Auch um diesen Vers fragte er. Jener antwortete nur, die Verse, von wem sie auch seien, wären vortrefflich. Augustus aber brach in ein Gelächter aus und strömte von Scherzen über."

Bald darauf fuhr er nach Neapel, um dann in Nola zu sterben. Dies hat Sueton von dem letzten Aufenthalt des Kaisers in Capri erzählt. So wenig es ist, so viel ist es doch wert, dies heitere Bild des greisen Augustus, welcher mit den Bewohnern des Eilands fröhlichen Scherz treibt. Und doppelt anziehend wird seine menschliche Erscheinung durch den Gegensatz zu Tiberius. Denn nun folgt: der greise Tiberius auf Capri.

Die kleine Insel war elf Jahre lang Mittelpunkt der Welt. Die Zeit war grau und greisen geworden wie der Eremit dieser Felsenklippe, die Weltgeschichte nur ein düsterer Monolog dieses schrecklichen Mannes.

Die Erinnerung an ihn lebt noch im Volk. Nicht Jahrtausende verwischen sie, denn das Böse dauert im Gedächtniß der Menschen länger als das Gute. Sie nennen ihn hier Timberio, und nennen Capri Crap; und wo man auf dem Eilande gehen mag, überall sieht man die Tigerspuren des Tiberius. Selbst den ausgezeichneten Wein auf Capri nennt man hier „Tränen des Tiberius", wie jener vom Vesuv „Tränen Christi" heißt. Sehr hoch, so glaube ich, muß im Preise der Natur die Träne stehen, die ein Mann wie Tiberius geweint hat.

Ich begegne hier einem seltsamen Volksglauben, der mich nicht wenig überrascht hat. Das Volk behauptet nämlich, daß tief in dem Berge, worauf die Trümmer der Tiberius-Villa liegen, dieser Kaiser auf einem bronzenen Rosse sitze, er selbst von Erz, mit brillantenen Augen, und auch sein Roß habe Augen von Demant. Ein Jüngling, der in einen Bergspalt gekrochen, habe ihn so sitzen sehen, aber die Spur des Orts bald wieder verloren. Ich hörte diese Sage aus dem Munde des alten Franciscaners, der nun als Eremit auf der Villa einsiedelt, und fand sie auch im Buche Mangone's über Capri. Sie erinnert an den Kaiser Rotbart im Kyffhäuser; aber schwerlich wird das Volk die Wiederkehr des Tiberius ins Leben wünschen.

Er kam auf die Insel im Jahre 26 nach Christi Geburt und lebte hier elf Jahre lang, bis er, bei kurzer Abwesenheit, am Berg Misen erstickt wurde. Er hatte das Eiland zu einem prachtvollen Lustgarten umgestaltet. Seine zwölf den Obergöttern geweihten Villen nebst andern herrlichen Gebäuden müssen Capri in Verbindung mit den großartigen Felsen ein schönes Ansehen gegeben haben. Heute ist die Insel mit Trümmern von Bauten überstreut, und viel birgt noch die Erde unter den Weingärten.

Als Tiberius todt war, blieb das schöne Theater seiner Lüste verödet; die Pracht Capri's verfiel. Das Volk erzählt, daß Römer auf die Insel kamen und ihre Gebäude niederrissen. Zwar weiß die Geschichte nichts davon, aber sie sagt auch nicht, daß die Nachfolger Tibers Capri besuchten. Caligula war noch mit ihm auf der Insel gewesen, hatte hier zum ersten mal den Bart abgelegt und die Toga genommen, und sich in der Schule seines Oheims gebildet. Auch der Schwelger Vitellius lebte als Jüngling in Capri. Später duldeten zur Zeit des Commodus sein Weib Crispina und seine Schwester Lucilla die Verbannung auf diesem Eiland, wie Dio Cassius erzählt und ein im vorigen Jahrhundert auf Capri gefundenes Relief es bestätigt, welches beide Fürstinnen in der Gestalt schutzflehender Trauer darstellt.

Nachher teilte die Insel das Loos der naheliegenden Küstenländer. Sie geriet nach dem Falle Roms in Besitz erst der Barbaren, dann der Griechen, wie Neapel selbst. Sie wurde Eigentum des griechischen Herzogs von Neapel, und fiel im 9. Jahrhundert an die blühende Republik Amalfi, welche sie als Geschenk vom Kaiser Ludwig erhielt.

Mit dem Beginn der normannischen Herrschaft in Süditalien kam Capri in den Besitz des tapfern Roger von Sicilien, der die Insel den Amalfitanern entriß, und so wurde sie seither von den Normannen, den Hohenstaufen, den Anjous, und Aragoniern besetzt und durch Capitäne regiert.

Im Jahre 1806 entrissen sie die Engländer den Neapolitanern; sie besetzten sie im Namen des Königs Ferdinand von

Sicilien, befestigten sie stärker und gaben ihr zum Commandanten jenen Hudson Lowe, welcher später als Kerkermeister Napoleons in Sanct Helena unsterblich werden sollte. Fast drei Jahre behaupteten die Engländer Capri, bis die Muratisten durch einen kühnen Handstreich sich des Eilands bemächtigten. Es war der Geschichtsschreiber Coletta, damals Ingenieur unter Murat, welcher Capri zuvor auskundschaftete und die Stelle bezeichnete, wo das Felsenufer könnte erstiegen werden. Am 4. October 1808 wurde die Insel nach heftigem Kampf erobert, Hudson Lowe aber als Gefangener nach Neapel abgeführt.

Diese Nachrichten mögen hinreichen, uns über die historischen Schicksale Capri's aufzuklären. Eindrucklos, bis auf die letzten Ereignisse, sind sie am Erinnern des Volks vorübergegangen. Es lebt hier allein das Gedächtniß an den grausamen Timberio, und oft war es mir wundersam, den fürchterlichsten Namen der Geschichte aus dem Munde spielender Kinder zu vernehmen. Aller Orten hört man ihn, weil er mit dem Local verwachsen ist. Die Lebensgeschichte dieses einen Mannes hat das Eiland ganz durchdrungen und zu dem Ernst seiner Natur noch den tragischen Hauch der Geschichte gesellt. Dies gibt Capri den Reiz des Schauerlichen für Den, welcher für dunkle Scenen in der Natur und Geschichte empfänglich ist.

Es liegt hier Fürchterliches und Liebliches in einem seltsamen Contrast. Das lachende grüne Tal stößt hart an schroffe Felsenwände, welche das heitere Pflanzenleben zerreißen und nackt und gigantisch in die Wolken ragen; und wiederum findet das tägliche Bild einfacher Naturmenschen, welche Armut und Frömmigkeit verschönert und die Arbeit veredelt, seinen grellsten Gegensatz an der immer wieder sich aufdrängenden Vorstellung des finstern Despoten Tiberius.

Die wunderbare Weise, in welcher die Natur hier Entgegengesetztes zu einem plastischen Ganzen verbunden hat, ist es hauptsächlich, was mein Erstaunen erregt. Es gibt hier so viel wüstes Gestein, daß es auf größern Flächen den Eindruck trostloser Oede hervorbringen würde; auf Capri aber ist es anders. Die Natur wehrt hier überall dem Wüsten durch Linie und Form, dem Todten durch die Wärme der Farbe, dem Dürren durch das verstreute Grün, und so stellt sie ein Gemälde dar, in welchem das Große groß und das Fürchterliche fürchterlich bleibt, und doch zu gleicher Zeit von der Macht der Form bezwungen ist. Die Berge, Klippen und Täler umfangen den Sinn mit heimlichem Zauber, sie klausen ihn wie in ein Gitter ein, durch das der schönste Golf der Erde hereinscheint, welchen wiederum traumhaft stille Küsten gefangen halten, und so ist es wahrhaft ein magischer Ring, von dem man sich hier umschlossen fühlt.

Die Aehnlichkeit der Natur Capri's mit der von Sicilien ist auffallend. Sie ist wahrlich eine Vorstudie dieses großen Insellandes, nicht allein wegen der Dürre des Bodens, sondern auch durch die glühendrote Farbe des Kalkgesteins, durch die phantastisch-grandiose Form der Klippen, und selbst wegen des Pflanzenwuchses.

Die Vegetation ist hier ganz südlich, aber sie ist spärlich. Zwischen dem roten Gestein, wie in die Falten der Berge hineingesäet, wächst all das balsamische Kraut der südlichsten Inseln Europas, die Luft mit Wolgeruch durchwürzend. Dort findet man die Myrte, den Citisus, die Raute und den Rosmarin, den Mastixstrauch und den Albatro, die schönblumigen Heiden. Brombeeren und Epheuranken, wie die Gewinde der Clematis umschlingen Trümmer und Klippen, und der goldgelbe Ginster hängt in vollen Büschen um alle Höhen. Auch der schönste Strauch Capri's, welcher zufällig den Namen der Insel trägt, ist nicht das Caprifolium oder Geisblatt, sondern der Capernstrauch; er hängt sich hier an alle Gemäuer und

Felsenwände und schmückt sie mit seinen weißen Blumen voll langer, lilafarbiger Staubfäden.

Um die Abhänge selbst hat der Mensch mit großer Mühe Terrassen angelegt und, indem er durch Aufmauerung kleine Ebenen gewann, Gärten darauf gebaut. Da gedeiht jegliche Frucht und jeder Baum Campaniens. Reichlich wachsen die Eichen, die Maulbeerbäume in großer Zahl; stark und fruchtgesegnet der Oelbaum; sparsam die Cypresse und die Pinie; groß und mächtig der Johannisbrotbaum; überaus fruchtreich und in Menge die Feige; häufig der Mandelbaum; kärglicher die Kastanie und der Nußbaum, aber reichlich die Orange und die Limone, die man in den Gärten in erstaunlicher Kraft findet, und deren Früchte oft die Größe eines Kindeskopfs erreichen. Die Rebe wächst hier zwar nicht so üppig, wie in Campanien, aber sie trägt schwere Trauben, deren berühmten Feuerwein die Sonnenglut auskocht. Was den Landschaften der kleinen Insel vollends den Charakter Siciliens verleiht, ist die Fülle von Cactusfeigen. Ihre bizarren, afrikanischen Formen stimmen wol zu der Dürre der Felsen und ihrer Farbenglut.

Wie nun die Natur, in Formen und Farben ganz harmonisch, dies Eiland gebildet hat, so scheint sie auch den Menschen gezwungen zu haben in einem phantastisch-idyllischen Charakter seine Häuser zu bauen. Das Städtchen Capri, welches sich auf dem Bergsattel zwischen den Hügeln San Michele und Castello aufreiht, ist sehr originell. Die Häuser, klein und weiß, haben ein plattes Dach, das sich in der Mitte aufwölbt; auf ihm stehen Blumen, und dort sitzt man in der Abendkühle und blickt in das rosenfarbene Meer. Alle Zimmer sind gewölbt, wie die Unterbauten der Villen aus der Zeit des Tiberius. Das Haus umläuft entweder eine Terrasse, oder es öffnet sich zu einer gewölbten Loggia oder Veranda, welche sehr freundlich aussieht, da sie in der Regel eine Weinrebe umrankt und schöne Blumen, zumal blaue Hortensien, purpurrote Nelken und rosenfarbiger Oleander reich verzieren. Stößt das Haus an den Garten, so findet sich vor der Thüre die Pergola oder Weinlaube. Sie ist der schönste Schmuck der Inselwohnungen; da sie aus einer Doppelreihe von gemauerten und weißgetünchten Säulen besteht, welche das Weinrebendach tragen, gibt diese Menge von Säulen auch dem ärmlichsten Hause einen Anstrich von Festlichkeit, seiner Architektur aber etwas Antikes und Ideelles. Die von der Rebe umschlungenen Säulenreihen sehen oft aus wie Arcaden eines Tempels; sie erinnern mich an die kleinen Häuser in Pompeji. Hie und da steht in den Gärten eine Palme; die herrlichste erhebt sich im Garten des Gastwirtes Pagano, dessen Haus unter den übrigen Capri's der Palast zu nennen ist.

Auch außerhalb der kleinen Stadt wohnen Weinbauern zerstreut in ihren Masserien, um die Höhen oder an den Füßen der Felsen. Ein jedes dieser Landhäuser scheint das Asyl der Glückseligen und des Friedens zu sein.

Die Capresen, etwa 2000 an Zahl, sind in der That das friedlichste Volk der Welt, milde von Sitten, bitter arm und emsig thätig. Sie sind Acker- und Weinbauern oder Fischer, und nur diese besitzen im Allgemeinen ein Eigentum, ihre Barke und den Fisch, den sie fangen. Die Andern sind in der Regel Pächter, weil die meisten Masserien Neapolitanern gehören. Der Pächter zahlt jährlich 80–120 neapolitanische Ducaten Zins, die er sammt seinem Unterhalt aus dem Wein, dem Oel und den Früchten erzielen muß. Schlägt die Weinlese fehl, wie nun schon seit drei Jahren, so muß er verarmen, und es ist wahrlich ein Jammer, diese von der Traubenseuche verödeten Weinberge zu sehen und die Klagen der unglücklichen Weinbauern anzuhören. Ich fand Frauen, welche mir sagten, daß sie all ihren Halsschmuck, Ringe und Ohrgehänge verkauft hätten, und dies ist ein Zeichen sehr großer Not, denn nur äußerste Verzweiflung entreißt dem Weibe seinen Goldschmuck. Sie tragen ihn hier beständig, sodaß es ein auffallender Widerspruch ist, ein Mädchen elende Lastarbeit verrichten zu sehen, welches lange Ohrgehänge von Gold und auf der Brust ein goldenes Herzchen trägt. Das ist ihr Kleinod, oft ihr einziges Vermögen, aber der Schmuck ist weder vom stärksten noch vom feinsten Golde.

Die Viehzucht Capri's ist gering, doch werden jährlich mehr als 200 Stück nach dem Festland ausgeführt, und auch der Käse der Insel läßt sich rühmen. Im Herbst und im Frühjahr nährt die Inselbewohner die Vogeljagd. Es kommen dann Schwärme von Zugvögeln aus dem Norden rückkehrend oder vom Süden nach dem Norden wandernd, hauptsächlich Wachteln. Die armen Vögel ruhen auf dem ungastlichen Felsen von ihrer Reise aus, und werden dann in Scharen ergriffen oder in Schlingen gefangen. Capri hat sonst keine Jagd und kein jagbares vierfüßiges Thier, weder Fuchs noch Marder, nur eine große Menge von Kaninchen, welche Nachts aus den Felsenritzen hervorhüpfen und in die Felder laufen, von der Armut des Landbauern ihr ärmlich Teil zu rauben.

Den dauernden Erwerb sichert den Capresen das Meer. Der Fischer fängt hier Fische jeder Art, auch den Thunfisch und den Schwertfisch, die Murena, vor allen die Sardine und den Calamajo oder Tintenfisch. Dieser wird besonders Nachts gefangen. Die Fischer fahren mit der Dunkelheit in See und locken den Fisch durch den Schein einer Fackel an die Oberfläche; das gräuliche, polypenartige Thier krallt sich dann in die vielen Nadeln eines rückwärts widerstachelnden Stabes und wird so heraufgezogen.

Der Fischer liegt die ganze Nacht auf See, er kehrt erst mit der Sonne wieder; dann geht es ans Trocknen der Netze und an das Flicken der Maschen, dann schläft er ein paar Stunden, dann macht er sich frisch wieder zum Fange auf. Es ist ein armseliges und mühevolles Leben, das Meer oft trügerisch, und nicht ein paar Carlin wert, was eine ganze Fischergesellschaft in dem Netze findet.

Das emsige Leben an der Marina grande, dem einzigen Hafen der Insel, wo eine Reihe von Häusern steht, gewährt zu allen Zeiten einen großen Reiz. Der Strand ist hier kurz und schmal, vor dem Wogenschlage nicht sicher, und gibt nicht Raum genug. Deshalb werden die Kähne beim Sturm in gemauerte Schuppen hineingezogen.

Es gibt etwa hundert Barken auf diesem Strande, und drei große vermitteln den Verkehr zwischen der Insel und dem Festlande. Jeden Dienstag und Freitag kehren diese aus Neapel zurück, wohin sie Tags zuvor abgegangen waren. Dann gibt es das bunteste Treiben auf dem Ufer, weil auch Mädchen und Frauen von Ana-Capri die große Felsenstiege herabkommen, um dasjenige in Empfang zunehmen, was die Barke für sie gebracht hat. Ist das Meer bewegt, so springen, ehe das Boot landet, die jüngsten Fischer in die Wellen; sie stürzen sich kopfüber in das Wasser wie Taucherenten; die in der Barke werfen ihnen Taue und Ruder zu, es vermindert sich die Last des Schiffchens, da Einer nach dem Andern über Bord springt. Jene zu Land ziehen das Fahrzeug mit lautem Geschrei am Tau, und die Stimme des Barkenpatrons übertönt das Rauschen der Brandung und das wilde Rufen aller dieser zu fieberhafter Thätigkeit aufgeregten Menschen. Am Strande harren die Weiber auf das Mitgebrachte; es sind Gemüse, Melonen, Zwieback, oder Kleidung und sonstiger Hausbedarf. Auch mancher Blumenstrauß von Napoli wird mitgebracht, und manche neu gedruckte Canzone vom Quai Santa Lucia. Der Fremdling aber setzt sich auf eine der Klippentrümmer am Ufer und erbricht den Brief, der für ihn aus demselben Boote ausgeschifft worden ist.

Fast alle Barken der Marina gehören Fischern in Capri, nur wenige auch Leuten von droben in Ana-Capri. Denn die Natur hat dieses zweite Städtchen der Insel vom Meere abgesperrt. Dagegen gehen viele junge Männer Ana-Capri's und mehr als von Capri in die Fremde auf den Korallenfang. Jährlich verlassen ihre Heimat etwa 200. Für Rechnung der Korallenhändler in Torre del Greco wagen sie sich in ihren Barken in die Meerenge von Bonifazio und an die Küsten Afrikas. Sie gehen im März und kommen im October wieder; dann finden sie, was seitdem das Schicksal in ihrer kleinen Welt zur Freude und zum Leide gereift hat, Treue und Untreue, neues Leben und plötzlichen Tod. Wenn sie hundert Ducaten gewonnen haben, heiraten sie ihren Schatz. Denn in Capri gelten 100 Ducati als Erforderniß zum Heiraten. Mir erzählte ein Maler, daß er mit seinem Jungen, der ihm die Staffelei nachträgt, folgendes Gespräch gehabt habe. Der Junge: Herr, habt Ihr eine Frau? Der Maler: Nein. Der Junge: Habt Ihr denn nicht 100 Ducati? Der Maler: Ja, ich habe 100 Ducaten. Der Junge (höchlichst erstaunt): Wie, Herr, Ihr habt 100 Ducati und heiratet nicht? – Lebhaft wurde ich eines Tags an jene heimatlosen Korallenfischer erinnert, als mir auf der Stiege von Ana-Capri ein junges Mädchen einige arabische Münzen anbot. Ihr Bruder hatte sie ihr verwichenes Jahr mitgebracht als Geschenk von den „Heiden". Ich kaufte sie mir zum Andenken und als Zauberpfennige.

Auch an den Strand Capri's treiben viel Korallenstücke. Die kleinen Fischerkinder und die jungen Mädchen sammeln sie; sie flechten ganz kleine Körbe von Stroh und thun in sie hinein rote Korallen, Seepferdchen und Meersternchen und kleine bunte Muscheln, und wenn du am Strand entlang gehst, vertreten sie dir den Weg und bieten dir das zierlichste Körbchen mit lachenden Augen zum Kauf an, sodaß du es wol kaufen wirst.

Ja, alles ist hier graziös, lieblich und klein, und gar reizend die Beschäftigung der Mädchen in den Häusern, wo sie die schöne goldgelbe Seide aufhaspeln oder abspinnen und die bunten Bänder weben. Die Industrie der Frauen besteht hier in etwas Seidencultur, hauptsächlich im Weben von Band, sowol droben in Ana-Capri als drunten. Viele Webstüle sind dort thätig. Die Mädchen sitzen dabei von Sonnenaufgang bis zur Nacht. Die Baumwolle oder die Seide liefert ihnen der Kaufmann von Neapel, der ihre Arbeit dürftig bezahlt. Sie weben Band in allen Farben. Der stillen homerischen Geschäftigkeit bei so reizend frauenhaftem Thun, in den kleinen gewölbten Gemächern oder auf den Terrassen, unter den blühenden Blumen und bei dem beständigen Anblick des Meeres sieht man gerne zu.

Es gibt in Capri ein einsames Haus auf einem Hügel, darin sitzen vier Mädchen schwesterlich beisammen und weben rastlos Seide und Stroh zu Damenhüten. Diese vier Mädchen sind die Elite der jungfräulichen Welt von Capri. Ihr Stübchen ist der Gesellschaftssalon der Insel. Fremde führen sich dort selbst ein. Die Künstler nennen sie die vier Altäre, weil vor ihnen beständig geopfert wird, mein Wirt aber nennt sie die vier Jahreszeiten. Als ich eines Tages bei ihnen saß, fiel mir ein Blatt ins Auge, welches eine der Schwestern sorgsam an ihren Webstul geheftet hatte. Es war eine Epheuranke darauf gemalt und der Vers des Sophokles darein geschrieben, mit welchem der „Oedipus Tyrannos" beginnt:

„Ω τεκνα Καδμου του παλαι νεα τροφη"
(O Kinder ihr, des alten Kadmos junge Brut).

Die Weberin bat mich, ihr zu erklären, was die fremde Schrift sage, denn ein Engländer wäre da gewesen, der hätte das aufgeschrieben. Ich sagte ihr, die Worte hießen also: „O Kind, du bist am Tag mein Basilicum, und des Nachts bist du mein Stern." Sie lächelte und war zufrieden.

Ich habe mich oft in Gebirgen Italiens an der Naivetät des Volks erfreut, aber mich dünkt, nirgends ein naiveres gefunden zu haben als hier. Die Abgeschiedenheit von der Welt hat die Milde seiner Sitte bewahrt und den Zauber der Natur erhalten. Man weiß hier nichts von den Verbrechen der Civilisation, es gibt nur Frieden, Armut und Thätigkeit. Der Fremde wird wie ein Bekannter empfangen und fühlt sich gleich heimisch, und wahrlich, einen grellern Gegensatz als den zwischen der Welt in Capri und jener Neapels kann es nimmer geben.

Die Mädchen in Capri sind weniger schön als graziös. Ihre Züge haben oft etwas Fremdartiges. Die Linien der auffallend kurzstirnigen Gesichter sind regelmäßig und manchmal sehr edel geschnitten; das Auge ist von einem glühenden Schwarz oder von einem schwülen Grau. Die braune Farbe, das schwarze Haar, das umgeschlungene Kopftuch, die Korallen und die goldenen Ohrgehänge geben dem Antlitz etwas Orientalisches. Ich sah oft, besonders aber in dem ganz verlassenen Ana-Capri, Gesichter von einer wilden, seltsamen Schönheit, und blickte ein solches, die Haare verwirrt, die Augenbrauen schwarz und scharf gezogen und die wetterleuchtenden Augen groß aufgeschlagen, vom Webstul in der dunkeln Kammer empor, so war es, wie ich mir das Antlitz einer Danaide denke. In Capri dagegen sieht man auch Gesichter, welche denen der Gestalten Perugino's und Pinturicchio's ähneln, und oft von einem auffallend schwärmerischen Ausdrucke sind. Sie tragen die Haare kunstlos schön, am schönsten in Ana-Capri, tief herabgeknotet, einen silbernen Pfeil hindurchgesteckt. Manchmal binden sie den Mucadore wie einen Feß auf, und gleichen dann wahrlich den Frauen einer fernen Zone. Ein ganz allgemeiner Schmuck der Weiber

Capri's und köstlicher als Gold sind ihre Zähne. Ich glaube, die Menschen in Capri haben so herrliche Zähne, weil sie nichts zu beißen haben.

Man muß diese zierlichen Gestalten in Gruppen vereinigt sehen, oder sie betrachten, wenn sie bergauf kommen, die antik geformten Wasserkrüge, oder Körbe voll Erde oder Steine auf den Köpfen tragend. Weil sie arm sind, erwerben sie sich durch Lastträgerdienste kümmerlichen Lohn. Das Mädchen in Capri ist das eigentliche Lastthier der Insel. Man sieht die lieblichsten Kinder von 14 bis 20 Jahren, Gabriele, Costanziella, Mari Antonia, Concetta, Teresa, und so viele andere, deren Köpfe draußen in England, in Frankreich und Deutschland auf manchem Gemälde bewundert werden, vom Meeresstrand aufwärts Lasten, kaum für Männerstärke zwingbar scheinend, auf eben diesen Köpfchen tragen.

Es kam vor 14 Tagen ein neapolitanisches Schiff und lud auf der Marina eine Fracht von Tufsteinen aus, welche zum Ausbau des alten Klosters dienen sollten. Diese Steine wurden sämmtlich innerhalb fünf Tagen auf Mädchenköpfen nach dem Kloster befördert. Der Weg ist so steil, daß ich ihn täglich verwünschte, wenn ich vom Bade frisch und unversehrt zurückkehrte, weil man oben ganz erschöpft anlangt. Aber fünf Tage hindurch schleppten Mädchen, etwa 30 an der Zahl, die Steine diesen Weg aufwärts. Sie trugen zwei übereinander, die schwächern nur einen. Mich von dem Gewicht zu überzeugen, hob ich einen dieser Steine, und mit aller Kraft beider Arme gelang es mir, ihn so hoch zu erheben, daß ich einen dieser reizenden Köpfe belasten konnte, und das dünkte mich ein sehr unritterlicher Dienst zu sein.

Es bitten diese naiven Kinder, wenn sie am Wege ausruhen, den Vorübergehenden oft, ihnen mit den Steinen aufzuhelfen. Sie gingen an diese Sisyphusarbeit vor der Sonne und endeten, wenn sie in ihrer vollen Purpurglut hinter der fernen Ponzainsel versank. Täglich stiegen sie in der Hitze des August sechzehn mal also belastet den Berg empor. Nahmen sie die Steine an der Marina auf, so stand ein Schreiber dabei und notirte, und oben an der Certosa stand wieder einer, der schrieb es ernsthaft in ein Buch: Gabriele hat zweimal zehn Steine im Brett des Schicksals, aber die schöne Costanziella ach! nur zehn. – Ihr Lohn war 10 Groschen für den Tag. In ihrer Einfalt hatten die Kinder mit dem Unternehmer nicht einmal Contract gemacht, sondern wenn man sie fragte, was sie für so große Mühsal erhalten würden, so sagten sie: „Wir glauben, einen Carlin täglich, oder Brot von Castellamare für ebenso viel. Sonntag wird die Zahlung sein."

In jenen Tagen gewährte also das Eiland einen seltsam schönen Anblick, und die Maler versäumten nicht, diese Gestalten zu zeichnen. Da nun der Tuf von Herculanum von schöner grauer Farbe ist, so machte er mit den jugendlichen Köpfen und auf dem roten Mucadore, von einem oder beiden Armen festgehalten, das reizendste Bild. Diese Reihen der armen wandelnden Steinträgerinnen schienen mir die antiken Figuren der Kanephoren auf neue originelle Weise zu vermehren; sie glichen Töchtern Aegyptens, welche Steine zum Pyramidenbau tragen. Und wahrlich, ich konnte sie nie ohne Bewunderung und ohne Rührung betrachten. Sie scherzten noch unter ihrer Last und waren heiter und graziös wie immer. Mich dünkte, nie ein schöneres Bild menschlicher Armut gesehen zu haben. Um die Mittagszeit sah ich dieselben Mädchen in einem Kreise auf der Erde sitzen, im Schatten eines Johannisbrotbaums ihre Malzeit haltend; sie bestand aus halbreifen Pflaumen und trockenem Brot, und wenn sie diese kärgliche Kost verzehrt hatten, standen sie plaudernd und lachend auf und schritten wieder flink wie Gazellen die Treppen hinunter, an ihre Tageslast.

Wenn ich die Armut in dem friedlichsten und heitersten

Bilde malen sollte, so würde ich sie darstellen in der Gestalt der schönen Costanziella. Wenn sie den heißen Tag hindurch eine Pyramide von Steinen auf ihrem Köpfchen nach dem alten malerischen Kloster befördert hat, dann lehnt sie des Abends in der kleinen Thür ihres Hauses und ergötzt sich mit der schönsten Musik. Denn sie ist eine vollendete Virtuosin auf der Maultrommel oder dem Brummeisen. Sie hat mir manches reizende Stück darauf vorgespielt, mit einer unnachahmlichen Kunst und Grazie, allerlei Meerphantasien, Sirenencantaten aus der blauen Grotte, Lieder ohne Worte, wunderbare Arien, die kein Sterblicher gehört hat noch zu benennen weiß. Das alles spielte sie meisterhaft, wobei ihre schwarzen Augen wie Sirenen lachten, und die schwarzen krausen Haare um die Stirn sich ringelten, als tanzten sie vor Seligkeit. Wenn Costanziella ihr Concert ausgespielt hatte, so lud sie mich mit den feinsten Manieren zum Abendessen ein, oben auf dem Dach bei ihrer Mutter; da gab es reife indianische Feigen von dem einzigen Cactusbaum, der vor dem Hause stand, welche sie sehr geschickt mit dem Messer abzureißen wußte, ohne sich die kleinen Finger mit den Stacheln zu verletzen. Ihre Mutter war eine Frau zum Malen, wie man sagt, und unterhielt sich am liebsten von Nahrungsmitteln.

Costanziella aß niemals Fleisch, sie trug nur Steine und spielte des Abends die Maultrommel, dazwischen aber aß sie trockenes Brot und Pataten mit Salz und Oel. Sie lachte einmal laut auf, als ich sie fragte, ob sie schon einmal im Leben Braten gegessen habe. Frischer aber und blühender und ringellockiger war weder Hebe im Olymp, noch Circe, noch die delische Diana, und keine war heiterer und mit dem Brummeisen verständiger.

Allgemein ist in Capri das Bitten um einen *Gran* oder *Bajocco* oder *la Butiglia,* wie sie sagen. Es sind besonders Kinder und Mädchen, welche so bitten, ich will nicht sagen betteln, denn es geschieht in keiner bettelhaften Weise. Weil sie arm sind, so ist es natürlich, daß ihnen andere geben, welche haben, und gibt man ihnen nichts, so machen sie doch ein fröhliches Gesicht und sagen: *„Addi Signoria."* Auf jedem Schritt und Tritt wird man angesprochen. Als ich eines Tags in die Schule zu Ana-Capri trat, rief die ganze Schuljugend von den Bänken: *„Signore, la butiglia"*, und es fehlte wenig, so hätte es auch der Schulmeister selbst gerufen. Geht man in ein Haus, so ist man sicher, daß ein Mädchen eine Blume Basilicum oder eine Nelke entgegenbringt. Dafür muß man etwas geben. Es ist ein Betteln durch die Blume, doch nicht immer, denn auch ohne dies bitten sie sich frank und frei den Gran aus. Man kann sie glücklich machen, wenn man ihnen bei Gelegenheit von einem Hausirer Kleinigkeiten kauft, sie freuen sich über bunte Dinge wie Kinder; und hier wünscht man sich die Schätze nur eines Freigelassenen des Tiberius, um sie unter dieses freundliche und dankbare Volk zu verteilen.

Gegenwärtig macht eine Heirat viel von sich reden. Ein reicher Engländer verliebte sich in ein armes Mädchen von Capri so sterblich, daß er um ihretwillen katholisch geworden ist. Das schöne Kind befindet sich in einem Kloster Neapels; im Herbst aber kehrt sie als große Dame zurück in ihr neu aufgebautes Haus am Berge Tuoro. Das Glück der schönen Annarella erregt keinen Neid, noch erscheint es hier als etwas Außerordentliches. Es hat sich auf Capri bereits ein anderer Engländer niedergelassen, welcher seine Heimat aufgab, um in diesen Bergen zu einsiedeln.

Capri ist fürwahr ein rechter Ruheort für lebensmüde Menschen, und ich wüßte keine andere Stelle in der Welt, wo Jemand, der im Leben Schiffbruch gelitten, seine Tage so wol beschließen könnte. Das lehren auch die Invaliden, welche hier leben.

Dreihundert verstümmelte oder altersschwache Soldaten wohnen nämlich in ihrem Quartier am Ende der Stadt. Sie geben der Insel vollends den Charakter eines Asyls, weil man sie überall sitzen oder herumwandern sieht und ihre Lieder hört. Einige sind noch Veteranen Napoleonischer Zeit, andere datieren ihr Schicksal von den Revolutionskämpfen des Jahres 1848. Es sind Menschen aus allen Provinzen des Königreichs. Die meisten sind blind. Weil es nun auf der Insel nicht Lastthiere noch Wagen gibt, so laufen die Blinden keine Gefahr. Ohne Führer gehen sie in den Straßen umher, den Weg mit einem Stabe sich erfühlend; ja kaum merkt man, daß sie erblindet sind. Beim Fest der heiligen Anna sah ich ihrer eine Schar die Procession eröffnen; aneinandergereiht wankten sie in die Kirche, und mir fiel bei ihrem Anblick der Bibelvers ein: „Selig sind, die da nicht sehen und doch glauben." Am Abend aber genossen sie das Feuerwerk auf dem kleinen Platz, indem sie die Raketen und Schwärmer wenigstens prasseln hörten. Welch ein Loos, auf Capri blind zu sein, wo das entzückendste Gemälde der Welt in wunderbarem Farbenspiel rings verbreitet liegt! Hier ohne Sehkraft umherzugehen, ist eine bittere Ironie. Und doch spazieren die armen Blinden viel und gern; sie haben auch einen Lieblingsspaziergang, den einzigen, welcher etwas eben ist, nämlich den schönen Feldweg am Rand des Tals Tragara unter den Olivenbäumen. Gern sitzen diese Alten auf den steinernen Bänken innerhalb des Tors, den Schritt der Hereinkommenden behorchend, oder draußen vor dem Tor selbst, wo der Blick auf den Golf, auf das ferne Neapel und auf den Vesuv bezaubernd schön ist.

Auch Musik machen die Blinden gern; alle Abend geben sie ihr Concert. Es sitzen dann zwei Invaliden auf der Terrasse des Soldatenquartiers; der eine spielt die Guitarre, der andere bläst dazu auf dem Kamm. Wahrlich, es ist die sonderbarste Musik, die man hören mag, sie schallt hell und fremdartig in die Nacht hinaus, oft von den melancholischen Klagetönen einer Arie begleitet. Mit derselben Musik ziehen die Invaliden auch des Morgens auf den Platz, Blinde und Sehende, Krumme und Gerade, alle vergnüglich hinter ihrer Regimentsmusik her, nämlich hinter dem Guitarrenspieler und dem Kammbläser. Und so erscheint auf dem harmlosen Eiland sogar das physische Unglück wie die Armut heiter ergeben und schicksalversöhnt.

Alles trägt hier einen Zug von Kindlichkeit, und selbst in den schönen Greisengesichtern mancher Männer und Frauen kann man diesen Zug kindlicher Einfalt wiederfinden. Unter den Kindern gibt es viel bildschöne Mädchen und Buben, und obwol sie wild und kaum unterrichtet aufwachsen, setzt ihre Fassungskraft doch in Erstaunen. Alle tragen ein Amulett am Halse, die ganz kleinen geweihte Hörnchen gegen den bösen Blick, die größern eine Marienmünze oder ein kleines auf Zeug gesticktes Bild der Madonna del Carmine.

Ich sah einmal die Leiche eines Kindes in der Kirche ausgestellt. Sie lag unter einem weißen Schleier, mit Blumen und gezuckerten Mandeln überstreut; schwerlich hatte das Kind im Leben solches Naschwerk gekostet; man gibt es den armen Fischerkindern zum Spielen erst, wenn sie todt sind. Man trug das Kind ohne Ceremonie in die Gewölbe der Kirche, wo hier noch alle Todten nach alter Sitte begraben werden. Nur wer kein Cristiano, das heißt kein Katholik gewesen, bekommt ein einsames Grab an irgend einer schönen Stelle über dem Meer.

So also ist das Volk in Capri, und weil der enge Raum alles zusammenhält, dringt der Fremde schon nach wenig Tagen in die Verhältnisse der Bewohner ein und wird mit ihnen bekannt und vertraut. Es schwindet so sehr alles Gefühl der Fremde, daß man sich gewöhnt, sich als Mitglied dieser kleinen Volksgemeinde zu betrachten. Auf dem Platz am Tor drängt sich alles Oeffentliche zusammen, der Verkauf von Handelsartikeln, die ganz der Bedürfnißlosigkeit dieser Menschen entsprechen, wie das Festleben an Kirchentagen und das tägliche Vergnügen der Muße und des Geplauders nach der Arbeit. Dann und wann unterbricht die beschauliche Einsamkeit die Ankunft von Reisenden, welche im Gasthause Don Michele's einkehren, die Merkwürdigkeiten der Insel zu besehen und gleich wieder zu verschwinden. Aber es bildet sich ein Stamm von Gästen, die zusammen an einer Tafel speisen; meistens sind es Maler von verschiedenen Nationen, und diese Künstler werden bald zu einer charakteristischen Staffage der Insel, denn überall sieht man sie sitzen und malen, bald eines jener reizenden Häuschen mit der Weinlaube, bald einen Felsen, bald eine Baumgruppe oder Uferansicht.

Es gibt nichts Herrlicheres, als auf dieser schönen Scholle umherzuschlendern, an den Klippen entlang zu klettern, oder am Meer zu spazieren, wo die Wellen wolig rauschen und das ausatmende Seegras diesen scharfen, fast betäubenden Meeresgeruch verbreitet. Die stillste Einsamkeit und die Weite des Golfs mit seinen fernen Inseln und Küsten ist ganz wunderbar ergreifend, und wol kann man stundenlang auf dem Felsen sitzen und dem Farbenspiel auf den Küsten und über dem Meere zuschauen.

Ich nun führe euch allerwegen auf der Insel umher, denn gar wol bin ich hier zu Hause. Zuerst gehen wir nach der Stelle, wo einst das alte Capri lag, welches jetzt verschwunden ist, seit es die Sarazenen zerstörten. Aber dort, wo die schroffen Felsen Ana-Capri's plötzlich emporsteigen, liegt in den Gärten noch der letzte Ueberrest der alten Stadt, die Kirche San Costanzo. Sie war die Parochie der Insel und Sitz des Bischofs; denn Capri war seit dem 10. Jahrhundert ein Bistum unter der Hoheit des Erzbischofs von Amalfi, und blieb es bis auf das Jahr 1799; seitdem wurde der bischöfliche Stuhl nicht mehr besetzt, sondern die Kirche Capri's unter Sorrent gestellt.

San Costanzo ist klein, plump und ganz dörflich. Um sie her sieht man altes Gemäuer im Boden stecken. Man fand dort viele Graburnen, Reliefs und Münzen, und noch heute zeigt man in einem Weingarten einen großen Marmorsarkophag, welcher vor Jahren dort ausgegraben worden ist. Seit man die Altertümer der Inseln überhaupt durchsuchte, wurden Statuen, Reliefs, Mosaiken, Urnen und Säulenüberreste teils von den Bauern um ein Spottgeld verschleudert, teils von Agenten an Privatpersonen fortgegeben, teils heimlich bei Seite gebracht.

Vieles raubten die Engländer während ihrer dreijährigen Anwesenheit, und nur das Wenigste hat man nach Neapel für das Museum gerettet. Nirgends in der Welt, so scheint es, ging man mit Altertümern so liederlich um als in Neapel.

Erst die Ausgrabungen in Pompeji lenkten die Aufmerksamkeit der Archäologen auch auf Capri. Der Erste, welcher die Insel durchsuchte, war, soviel ich weiß, Luigi Giraldi von Ferrara im Jahre 1777, dann folgten ihm Hadrawa, und im Anfange dieses Jahrhunderts Romanelli, dann Giuseppe Maria Secondo und der Graf della Torre Rezzonico, welche Alle Schriften über Capri veröffentlicht haben. Noch 1830 wurde Feola mit Ausgrabungen auf der Insel beauftragt und lebte daselbst längere Zeit. Man deckte also die Trümmer auf und fand an vielen Orten noch ziemlich erhaltene Gemächer und manches Kunstwerk aus der besten römischen Epoche. Aber weil der Insulaner den Boden brauchte, warf er die Ausgrabungen wieder zu, verwischte ihre Spuren und pflanzte über den Altertümern seine Gärten. Auch birgt an manchem Ort die Erde, was noch nicht ans Tageslicht gezogen ist. Viel Marmor sieht man im Pflaster der Wege Capri's und in Ana-Capri auf der Ebene Damecuta. Auch findet sich hie und da eine

Marmorplatte mit zerstörter Inschrift als Schwelle an Hausthüren benutzt. Fundamente alter Gebäude aber gibt es viel, und wo man wandern mag, unterbricht Träumerei und Nachdenken irgend ein antiker Ueberrest.

Nicht weit von San Costanzo stand eine der alten Villen des Tiberius hart am Meer. Hadrawa ließ sie im Jahre 1790 ausgraben, fand ihren größten Teil bereits verwüstet, aber doch noch immer ansehnliche Reste, darunter zwei schöne Säulen von Cipollino, zwei von Porta Santa, ein herrliches korinthisches Capitäl, welches heute im Museum Neapels steht, zwei prächtige Fußböden, von denen einer an einen Engländer, der andere an die Gräfin Woronzow kam, endlich einen Altar der Cybele, welchen der Ritter Hamilton an das britische Museum zu bringen wußte. Heut ist der Palast das Bild der wüstesten Zerstörung. Große Massen von Gemäuer sind ins Meer gestürzt, andere bedecken den Küstenabhang, doch erkennt man noch eine Reihe von Gemächern und einen gemauerten Halbcirkel, vielleicht einst der Tempel der Gottheit, welcher die Villa geweiht war. Eine zerbrochene Säule von orientalischem Granit ragt aus dem Schutt hervor.

Noch dürftiger sind die Reste der Villa, die einst jenen schönen Hügel Castello krönte, der sich hart über der Stadt am südlichen Ufer erhebt. Von der Seeseite zeigt er sich als schroffe Felsenwand, welche mittendurch eine Grotte zerreißt. Nach der Landseite zu umgeben ihn Weingärten, oben aber trägt er das am besten erhaltene Castell Capri's, ein kleines Fort mit crenelirten Mauern und Türmen, welches der Insel einen mittelalterlichen Charakter gibt. Dort grub Hadrawa im Jahre 1786 nach und entdeckte Bäder und Kammern in großer Zahl, doch schon verwüstet, und fand Fußböden, Bildsäulen, eine schöne Vase von weißem Marmor, ein Relief, das den Tiberius opfernd vorstellt, eine Gemme mit dem Bilde des Germanicus und andere Figuren von Marmor und Stuck. Man verschleuderte auch diese Gegenstände an Hamilton, an den Maler Tischbein, an den Fürsten Schwarzenberg, an unbekannte Russen und Engländer. Im Jahre 1791 schüttete man die Ausgrabungen wieder zu. Doch was sind alle Raritäten des Altertums gegen diesen Blick vom Hügel Castello in das Meer Siciliens, in den blauen Golf von Neapel, und auf die majestätische Felsenbildung Ana-Capri's. Auch die schroffsten Abstürze des südlichen Ufers übersieht man hier und jene drei hochragenden Klippen, welche Faraglioni heißen.

Dem Hügel zu Füßen liegt eine der märchenhaftesten Stellen des Eilands, die kleine Marina, ein schmaler Strand auf der südlichen Seite, in wüste Klippen eingebogen, deren schwarze Blöcke das Ufer bedecken und im Meer eine kleine Halbinsel bilden. Zwei Fischerhäuser sind dort wie Klausen ins Gestein gebaut, welches für ein paar Barken notdürftigen Schutz gewährt. Der Strand ist ein bizarres Spielwerk der Natur und der einzige auf der ganzen Südküste Capri's. Wenn man dort sitzt, ist man ganz aus der Welt verloren. Der Golf von Neapel mit seinen Inseln, Küsten und Segeln ist entschwunden, und vor dem Blick dehnt sich die uferlose See aus, weit in die Ferne, wo Sikelia und Afrika beisammen liegen. Dort sitzt man und blickt in die endlosen Wasser und läßt Phantasieschiffchen nach Palermo und Cagliari und nach Karthago abschwimmen, eins nach dem andern. Wild und schauerlich ist Alles umher, eine öde Felsenwüste, zu beiden Seiten gewaltige Hölen hoch im Ufer selbst, zur Rechten das Cap Marcellino, eine kolossale braune Bergmasse, ins Meer hineingelagert, zur Linken gezackt und gezinnt wie ein Schloß das Cap Tragara, und neben ihm die seltsamen Klippenkegel Faraglioni, über hundert Fuß hohe, unersteigliche Riffe, welche mitten in den Meereswellen stehen gleich Pyramiden im See von Möris. Die eine ist wie von Menschenhand abgeglättet, die andere phantastisch ausgezackt. Ihr dunkler Schatten wallt auf der Flut und macht sie melancholisch, aber die Mitte der einen Klippe durchbricht eine Höle in prächtiger Bogenform, so daß die Barke hindurchfahren kann. Auf ihren Spitzen schwanken im Seewind Zwergbäume und verwilderte Gräser, und es sitzt dort die Möve oder umflattert sie, ihre junge Brut im Fluge übend.

Wenn du hier sitzest, so wird dir die Stelle aus dem „Gefesselten Prometheus" des Aeschylus einfallen, wo er, an die Klippe geschmiedet, plötzlich den heranwitternden Flügelschlag der Okeaniden und ihren Chorgesang vernimmt. Ich habe den Seevögeln an jenen Klippen oft am Morgen zugehört, wenn sie in der heiligen Frühe, da das Meer zu schimmern beginnt, von den Felsen stürzen, in die Wellen hineinjauchzend mit langen Flügelschlägen, oder am Abend, wenn es still wird, wo sie gern einsamlich auf den Faraglioni stehen und verlorene, harfenstimmige Laute ausstoßen, die man nicht hören kann, ohne in eine märchenhafte, elementarische Stimmung zu geraten. Denn der Gesang der Meervögel ist liedlos wie das Geräusch der Wellen und erweckt wie die verschwebenden Accorde der Aeolsharfen eine unbestimmte Sehnsucht in die Ferne.

Es waren auf den Faraglioni, wie ich wol weiß, auch Möven zum Besuch aus der Insel Ustica und von der Grotte Alghero aus Sardinien; wenn ich nun noch zwanzig Jahre jünger gewesen wäre, so hätten sie mir den Gefallen gethan, mich über Meer nach jener seltsamen Grotte zu tragen, oder in den schönen Orangenwald von Milis auf Sardinien, wo 500 000 Orangenbäume beisammen stehen und ihre Millionen Blüten und Goldfrüchte tragen, und die Nachtigallen alle diese Blüten und Goldfrüchte Tag und Nacht besingen. Dort hätten sie mich eines Morgens abgesetzt unter dem größten Orangenbaum Europas, der so groß ist wie eine Eiche, und unter welchem der Marchese Boyl seine Gäste zu Nektar und Ambrosia einladet.

Siehe da, ein Phantasieschiffchen, welches abgeschwommen ist!

Aber in Wahrheit, wer kann an der kleinen Marina in Capri liegen ohne solche Träumereien? Die Wildheit dieser Uferscenen und ihre Verlassenheit ist gar zu zauberhaft, und vollends im Mondlicht oder bei wogender See, wenn die Hölen schlürfend Welle auf Welle hinunterziehen, oder in der Stille der Nacht, wenn um die Riffe und die dunkeln Caps Lichter aufblitzen, Fackeln der Fischer, die sterngleich und wie Meteore in den Wellen bald verschwinden, bald wieder aufglänzen, eins und das andere, das dritte und das vierte, und hier noch eins und dort am Cap wieder eins um das andere.

Man sieht die Fischer auf den weißen Kieseln des Sandes sitzen, ihre Netze ausbessernd, und mitten in dieser klippenstarren Oede hat ihre stille Geschäftigkeit etwas Seltsames. Sie scheinen geheimnißvoll, als wüßten sie wunderliche Dinge von der Tiefe und den Sirenen, die dort wohnen. Ein schroffer Fels über dem kleinen Strand heißt auch die Klippe der Sirenen. Die Phantasie des Volks wählt immer die passendsten Bezeichnungen für ein Local, und keins in Capri ist so sirenisch als dieses.

Man kann hier stundenlang wie vom Meeresduft betäubt, auf den Klippen liegen und das grüngoldene Wasser ansehen; das wogt und wallt unten, flimmert und atmet, saust von Fittigen in stiller Luft, und unausgesetzt tönt das sommerliche Singen der Cicade, deren Lieder die Luft zu durchschillern scheinen, wie fliegende Sonnenstäubchen und wie das Flimmern der Hitze um die Felsen. Luft, Licht und Duft durchdringen alle Sinne.

Zwischen den Faraglioni und der kleinen Marina wölbt

sich über Kalksteinblöcken eine der geräumigsten Grotten dieser an Hölenbildungen so überaus reichen Seeküste. Sie heißt *La grotta dell' arsenale*. Das Wasser bedeckt sie nicht, sie ist eine Erdhöle. An ihren Wänden klebt noch römisches Mauerwerk, und es zeigen sich auch Spuren von Kammern. Nun lehrt der Name der Höle wol richtig, daß sie einst ein Vorratshaus für die Marine war, wenn nicht auch eine Schiffswerft für die Galeeren des Tiberius, denn sie ist hoch genug, und an ihrem Eingange sieht man auch manche Spur des Eisens, welches das Gestein bearbeitet hat. Der Ort heißt L'unghia marina. Manche Reste alter Gemäuer zeigen sich hier, am steinigen Ufer wie auf der Höhe. Auch am Cap Tragara, um welches die Faraglioni und die Klippe Monacone im Wasser stehen, erblickt man antikes Gemäuer. Wol befand sich hier zur Zeit des Tiberius ein kleiner Port. Vielleicht führte ein bedeckter Gang von der darüber gelegenen Villa des Berges Tuoro zu dem Hafen, wo für Fälle der Not gerüstete Galeeren lagen. Denn auch auf dieser Inselscholle schwebte der Tyrann in steter Furcht und hatte alle Anstalten getroffen, daß er zu jeder Zeit seewärts entfliehen konnte.

Man kann am Cap Tragara aus der Barke steigen und zum Hügel Tuoro grande hinaufklimmen. Da oben ist es schön wie auf jedem Gipfel Capri's. Es sitzt aber dort über altem Gemäuer ein Telegraph. Fürwahr, es ist seltsam, daß fast auf jeder Bergspitze des Eremitenlandes ein Einsiedel wohnt, sei es ein Klausner oder ein Telegraphenwächter. Der vom Tuoro grande sitzt in einem weißen Häuschen. Sein Zimmer hat zwei kleine Fenster, in dem einen steckt ein Fernrohr und in dem andern auch eins. Nun sitzt der Telegraphos, ein ganz kleiner altertümlicher Mensch, dem vom vielen Gucken die Augen zwinkern, zwischen beiden Fenstern an einem Tisch vor einem großen Register; alle Augenblicke springt er an das Fenster links und guckt durch das Fernrohr, an das Fenster rechts und guckt auch da durch das Fernrohr, dann setzt er sich wieder mit philosophischer Seelenruhe an das Register, sitzt ein Weilchen und läuft wieder an die Fenster und vor die Fernrohre, und so geht es vom Morgen bis zum Abend fort. Sein Hund aber sitzt vor der Thüre aufrecht und sieht ohne Ferngläser auch in das Meer. Dies verhält sich nun so. Oben über Ana-Capri sitzt der Telegraph auf dem Gipfel Solaro in seinem Hause und späht in das Meer von Sicilien, ob und welche „segelbeschwingte" Schiffe einlaufen. Sieht er nun etwas Merkwürdiges, so sendet er dem Telegraphen auf dem Berg Tuoro eine Botschaft; der schickt sie flugs weiter über die Meerenge von Capri zu dem Telegraphen von Massa, der über dem Vorgebirge der Minerva sitzt, ein Meereswächter schlummerlos; der wirft die luftige Kunde flügelschnell weiter nach Castellamare zum zeichenkundigen, luftpostdeutenden Späher; der aber schleudert die Botschaft machtvoll weiter nach dem Castell Sant Elmo oberhalb Neapel; der Späher nun von Sant Elmo befördert die Kunde in das königliche Schloß zu Neapolis. Und so fängt der auf dem Solaro an und ist der eigentliche Urheber von all dieser luftdurchwandernden Botenjagd. Als mir dies der Telegraph sehr deutlich auseinandergesetzt hatte, fiel mir sofort der Anfang des „Agamemnon" von Aeschylus ein, wo der Wächter auf dem Atreusschloß nach dem Feuertelegraphen späht, welcher die Einnahme Iliums melden soll:

Ωεοὺς μὲν αἰτῶ τῶνδ' ἀπαλλαγὴν πόνων

(Die Götter fleh' ich an ums Ende meiner Müh'n) – und ferner die Verse der Klytämnestra, welche in einer staunenswürdigen Malerei die wandernde Flammenpost beschreiben. Sie steigt auf vom Berge Ida, dann eilt sie zum hermischen Lemnosfelsen, der schickt die Flammenbotschaft auf das Athosgebirge des Zeus, das sendet den goldighellen Freudenstral wie eine Sonne auf die Warte von Makistos, und so weiter eilt der Feuerstral über die Wogen des Euripos, erweckt die Wächter von Mesapios, fliegt vorwärts über die Flur Asopos, fällt wie der Mondenstral auf den Felsen von Kithäron, sendet den Schein über den Gorgopissee, gelangt zum Gipfel Aigiplanktos, bis er dann über das Saronische Meer zum Felsen Arachnaios und endlich in die Burg der Atriden kommt.

Hätten nun die Griechen von Troja einen unterseeischen elektrischen Telegraphen gelegt, so wären wir um diese schöne Stelle im Aeschylus gekommen, welche überhaupt eine der am meisten malerischen Schilderungen ist, die gedichtet worden sind.

Es war nun Abend geworden. Der Hochwächter vom Solaro gab plötzlich ein Zeichen, der vom Tuoro schickte es nach Massa. Ich fragte den fernspähenden Mann, was er gemeldet habe. „Heute nichts Neues", sagte er vergnügt und zwinkerte mit den Augen, dann packte er seine sieben Sachen zusammen, winkte seinem Hunde und stolperte den Berg hinunter. Er wohnt aber hoch oben in Ana-Capri, und jeden Abend muß er die 560 Stufen der Felsenstiege hinaufklettern. Des Morgens kommt er wieder 560 Stufen herabgestiegen, und weil er nun schon seit zehn Jahren alle Tage bis auf einen Feiertag zu Ostern seine einsame Kunst betreibt, so kann man es mathematisch berechnen, daß dieser merkwürdige Mann schon hundertfache Chimborassohöhen erstiegen hat. Dreißig Groschen aber bekommt er täglich.

Außer diesem Aeschyleischen Wächter habe ich gar keine Altertümer auf dem Berg Tuoro gefunden. Doch hat auch auf ihm eine Villa des Tiberius gestanden. Nun senkt sich zwischen dem Tuoro und dem Castello zum Meer das Tal Tragara, welches von Reben und Oelbäumen grünt. Auf seinem Rande steht der schönste mittelalterliche Bau der Insel, die

Certosa, ein jetzt verlassenes Kloster. Es nimmt einen großen Raum ein; seine originelle Architektur, seine Arcaden, geschnörkelten Glockenstüle und Terrassen, und die Reihe gewölbter Dächer heben sich aus dem Grün und auf dem Hintergrunde des blauen Meers so grotesk hervor, daß dieser Anblick zu dem Reizvollsten gehört, was die Insel besitzt. Das schlanke turmlose Schiff der Kirche ist zugleich das einzige Gebäude Capri's, welches ein gothisches mit roten Ziegeln gedecktes Dach hat. Tritt man in den Kreuzgang, so erfreut man sich an dem großen, von Arcaden umschlossenen Raum. Die Zellen nun gar, die kleineren Höfe und die verwilderten Gärten, welche die üppigste Vegetation bedeckt, machen dieses öde Kloster zu einem romantischen Labyrint.

Die Certosa wurde im Jahre 1363 von einem edeln Capresen, Giacomo Arcucci, gegründet. Sein Weib war unfruchtbar geblieben wie Sara; er aber hatte ein Kloster zu bauen gelobt, wenn ihm der Himmel zu einem Sohn verhelfen würde. Eilig that dies der Himmel und nahm den Mann beim Wort; da baute er ein Gotteshaus nach dem Plan jener herrlichen Certosa San Martino, welche auf dem Vomero Neapels steht. Mit der Zeit wurde dies Kloster reich, die besten Aecker Capri's fielen ihm zu. Aber die Parthenopeische Republik hob dasselbe und noch zwei andere Klöster in Capri auf, und ihre Güter fielen an den Fiscus. Heute sind sie der Kathedrale von Ischia zugewiesen, und so erleidet die arme Bevölkerung Capri's das große Unrecht, daß ihre besten Ländereien ihr entzogen sind, um die faule Priesterschaft einer fremden Insel zu nähren.

Zur Zeit der englischen Besetzung Capri's war das Kloster das Hauptquartier Hudson Lowe's und auch unter der Herrschaft der Franzosen zu militärischen Zwecken eingerichtet; man baut es gegenwärtig zu einem Militärlazareth aus. Auch im Tal Tragara sieht man antikes Mauerwerk, und hier wollen die Archäologen die Stelle der alten Ephebenschule und die Fundamente der Villa Julia erkennen, welche Augustus zu Ehren seiner verliebten Tochter soll gebaut haben. Auch die Sellaria des Tiberius verlegt man hierher, jenes schändliche Lusthaus, von welchem Sueton erzählt, daß es mit den frivolsten Bildern ausgestattet war. Indeß was jene Trümmer bedeuten weiß man nicht, und selbst vor den großen Mauerresten, die über der Tragara bis Tuoro grande in einer gebogenen Linie fortlaufen, kennt man die ehemalige Bestimmung nicht. Man nennt diese Mauer Camerelle, wie einen ähnlichen Ueberrest in der hadrianischen Villa zu Tivoli. Sie ist teils aus Kalkstein, teils aus Ziegeln fest und stark aufgebaut und zeigt an ihrer Außenseite nebeneinander gereihte Kammern, deren Wölbungen noch zu erkennen sind. Die Meinung Rasario's Mangone, diese Camerelle hätten eine Straße getragen, die zur Villa Tibers hinaufführte, mag wol richtig sein. Die Straße teilte sich dreifach; die eine wird nach dem Berg Tuoro, die andere nach der Villa auf San Michele, die dritte zu der des Zeus geführt haben.

Ueber den Camerelle erhebt sich der schöngeformte Hügel San Michele, eine der reizvollsten Höhen des Eilands, von der man die herrlichste Ansicht auch der unten liegenden Stadt genießt. Ueber sie ragt das Fort Castello, hoch über diesem stehen die schroffen Felsen des Solaro, zu beiden Seiten grüne Täler und das blaue Meer. Daß auf dem Gipfel San Michele einer der schönsten Paläste des Tiberius stand, sagt schon die Lage dieses Ortes. Man sieht schon am Fuß des Berges mächtige Trümmer, Reihen von gewölbten Kammern, ohne Zweifel die Unterbauten der sanft ansteigenden Straße. Oben auf der Fläche stehen Gärten und Vignenhäuser auf holem Boden, der unter den Füßen klingt und anzeigt, daß unten Gewölbe liegen. Man sieht auch römische Mauerungen in Netzarbeit und mehrere alte Gemächer. Das eine zeigt Spuren einer Kapelle, die dem heiligen Michael geweiht war, und von ihm hat der Berg den Namen. Heute steht ein Kirchlein dieses Heiligen ganz einsam am Berge und zieht durch seine originelle Architektur den Blick auf sich.

Man grub auch auf San Michele Manches aus, betrieb jedoch die Nachforschungen hier nicht so eifrig. Der Bauer hat den ganzen Berg nach der Landseite zu terrassiert und mit Oelbäumen bepflanzt; es stoßen aber die Häuser der Stadt hart an die Felsen, sodaß man vom Berge auf die Dächer steigen kann. Eines Abends nahm ich so meinen Rückweg in die Stadt, denn mir selber einen Pfad suchend, stieg ich zuletzt von dem Berg auf ein Dach, vom Dach durch das Zimmer auf die Straße.

Die nahe Ostküste der Insel steigt zur Höhe von 970 Fuß auf, und stürzt senkrecht ins Meer, sodaß auf dem höchsten Uferrand die Villa des Zeus liegt. Hier ist das ganze Ufer von furchterregender Wildheit. Geht man vom Tuoro grande zuerst durch das kleine Tal Matromania nach der südöstlichen Seite, so gelangt man an eine Stelle, wo sich die Küste in einem Winkel von den steilsten Linien zusammenzieht. Da blickt man in einen phantastischen Wald von Felszinken, die das Ufer in gräulicher Verwirrung umstarren. Mitten dazwischen öffnet sich ein Fels zu dem prachtvollsten Bogen, dem sogenannten Arco naturale. Nächst der blauen Grotte ist er die überraschendste Einzelmerkwürdigkeit der Insel. Tief unten das Meer, schwarz verschattet, hoch oben der Himmel, rings rotbraune Klippen, über dem Meer der magische Anblick des Caps der Minerva und der Küstenberge von Amalfi und Salerno.

Hier führt eine schroffe Stiege hinab, wo mitten im Ufer eine tiefe, schöne Grotte sich aufthut, die rätselhafte Matromania. Sie hat ungefähr 55 Fuß Breite und 100 Fuß Tiefe. Ein Werk der Natur, wurde sie doch von Menschenhand erweitert; schon am Eingange sieht man römisches Gemäuer, und im Innern hängt noch Mauerwerk an den Wänden. In der Tiefe erheben sich im Halbkreise zwei Aufmauerungen gleich Sitzen übereinander; mitten hindurch führten Stufen, wahrscheinlich zu der Nische des Gottes, dessen Bildsäule hier aufgestellt war. Alles spricht dafür, daß man die Zelle eines Tempels vor sich habe.

Der Name Matromania, den die Grotte führt und das Volk in bewußtloser Ironie zu Matrimonio verdreht hat, als ob Tiberius hier seine Hochzeiten vollzogen hätte, wird erklärt aus *Magnae Matris Antrum* oder aus *Magnum Mithrae Antrum*. Dies Heiligtum war dem Mithras geweiht; denn man fand in der Grotte eines jener zahllosen Reliefs, welche das Mithrasopfer darstellen. In den Studien zu Neapel sah ich zwei dieser Vorstellungen; das eine Relief wurde in der Grotte des Posilip gefunden, das andere in der Matromania. Sie stellen Mithras in persischer Tracht vor, knieend auf dem Stier, in dessen Hals er das Opfermesser stößt, während Schlange, Skorpion und Hund den Stier verwunden. Zu dem mystischen Sonnendienst war diese Grotte Capri's wol geeignet; sie schaut gen Osten, und wer aus ihrer Tiefe Helios aufsteigen sieht und das Purpurglühen der Berge und des Meeres betrachtet, der wird hier wahrlich zum Sonnenanbeter.

In dieser Höle machte man einen geheimnißvollen Fund, eine Marmortafel mit griechischer Grabinschrift, welche also lautet:

Die ihr das stygische Land, ihr guten Dämonen, bewohnet,
Nehmt auch mich nun auf, den Unseligen nehmt in den Hades,
Den nicht Moira's Gebot fortraffte, die Herrschergewalt nur
Jählings traf mit dem Tod, da schuldlos nimmer ich's ahnte.
Eben noch häuft' auf mich der Geschenke so manches der Cäsar,
Aber er hat nun mir, und den Aeltern vernichtet die Hoffnung.
Noch nicht funfzehn hab' ich erreicht, nicht zwanzig der Jahre,

Ach! und ich schaue das Licht nicht mehr des erleuchtenden Tages.
Hypatos bin ich genannt; dich ruf' ich noch an, mein Bruder,
Aeltern, ich flehe zu euch: O weint nicht länger, ihr Armen!

Von welcher schrecklichen That spricht in so mysteriösen Worten diese Grabschrift eines Knaben? Hier ist ein Roman von Capri angedeutet. Des armen Hypatos Loos ist verschollen, doch ich weiß es. In einer dämonischen Stunde opferte Tiberius seinen Lieblingsknaben der Sonne, hier in dieser Höle, hier vor dieser Zelle. So opferte später Hadrian den schönen Antinous dem Nil. Denn damals waren Menschenopfer, wenn auch nicht häufig, so doch immer noch in der Gewohnheit, und am meisten brachte man sie dem Mithras dar.

Ja, könnte diese Höle den Mund aufthun, und wollten diese starren Klippen zu reden anfangen, grause Fabeln des Altertums würden sie zu berichten haben.

Die Ueberlieferung hat auf dieses wilde Ufer überhaupt den Wohnsitz des Tiberius verlegt. Es ist die schauerlichste Stelle auf der Insel. Geht man am Südostrand höher hinauf, so kommt man an einen Ort, welcher *Salto di Tiberio,* Sprung des Tiberius, genannt wird. Das Ufer fällt hier mehr als 800 Fuß tief ganz senkrecht in die See. Von diesem Punkt, so sagt die Ueberlieferung, stürzte der Kaiser seine Opfer hinab, und daß es eben derselbe Ort sei, den man schon zur Zeit Suetons als Merkwürdigkeit auf der Insel zeigte, unterliegt kaum einem Zweifel. Bei Sueton heißt es: „In Capri wird der Ort seiner Mordlust gezeigt, wo er die Verurteilten nach langen und ausgesuchten Martern in seiner Gegenwart ins Meer stürzen ließ. Sie fing unten ein Schwarm von Matrosen auf, um die Körper mit Segelstangen und Rudern zu zerschlagen, auf daß in keinem ein Lebenshauch überbliebe." Es ist wahrlich ein diabolisches Vergnügen, von diesem schroffen Absturz Steine rollen zu lassen, welche in entsetzten Sprüngen von Zacken zu Zacken sich fortschnellen und die Felsen vom Donner ihres Falls widerhallen machen.

Zwei Schritte weit von dem grausigen Salto liegt jetzt ein kleines Haus, über dessen Thüre das Wort Restaurant zu lesen ist. Im Zimmer steht zu jeder Stunde ein gedeckter Tisch, beladen mit Früchten, mit Brot und mit Flaschen voll Tränen des Tiberius. Derselbe Wirt, der dies Tischchendeckedich eingerichtet hat, ließ auch den schmalen Rand des Salto mit einer kleinen Mauer einfassen, und so bietet er den Fremden das Gräßliche gleichsam auf dem Präsentirteller dar.

Man geht durch dieses Haus, um zu dem alten Faro Capri's zu gelangen, welcher kaum 30 Schritte vom Salto entfernt steht. Bis auf die mächtigen Unterbauten aus gebranntem Stein ist er zerfallen, auch schlug vor einigen Jahren der Blitz den oberen Teil der Trümmer herunter. Rings umher liegen Stücke des Gemäuers, und weit bis in die Weinberge hinein bedecken sie den Boden. Sie und die noch stehenden Reste, welche auch Spuren von gewölbten Gemächern sehen lassen, bezeugen es, daß der Leuchtturm einst ein großartiger Bau war. Er wetteiferte mit dem Faro zu Alexandria, mit den Türmen in Ravenna und Puteoli. Der Dichter Statius nennt ihn in einem Verse den Nebenbuhler des nachtdurchschweifenden Mondes. Nach Sueton stürzte derselbe Faro wenige Tage vor der Ermordung des Tiberius ein, erschüttert durch ein Erdbeben, doch wurde er wieder aufgerichtet, sonst hätte ihn Statius nicht preisen können. Seine heutige Höhe beträgt kaum 60 Fuß. Im Jahre 1804 veranstaltete Hadrawa auch neben dem Leuchtturm Ausgrabungen; er fand dort Spuren einer unterirdischen Stiege, vielerlei Marmor und auch jenes Relief, welches die flehenden Gestalten der Crispina und Lucilla darstellt.

Nun aber gelangen wir mit wenigen Schritten, aufwärts steigend, zu der berühmten Villa des Zeus. Nach Sueton war sie der eigentliche Wohnsitz des Tiberius, und ausdrücklich sagt er, daß der Tyrann nach der Hinrichtung Sejans aus Furcht vor einer Verschwörung neun Monate lang sich darin eingeschlossen hielt. Es ist zweifellos, daß die Reste auf dem höchsten Nordostufer der Insel, dem Capo, zu jener Villa gehören. Denn dafür spricht die Bestimmtheit der Ueberlieferung, der die Insel beherrschende Ort, mehr noch die Ausdehnung des Palasts, dessen Ruinen die größten Capri's sind und überhaupt zu dem Ansehnlichsten gehören, was sich von römischen Lustbauten erhalten hat. Man irrt dort in einem Labyrint von Gewölben, Gallerien und Gemächern, welche jetzt zum Teil zu Weingärten oder zu Viehställen benutzt werden. Capitäle, Vasen, Säulenstümpfe, Marmorschwellen liegen noch umher; einzelne Kammern zeigen Reste ihres Stucks, und man erkennt selbst die Malerei in tiefem Gelb oder in dem Dunkelrot von Pompeji. Einige Böden haben noch ihre Mosaik von weißen Marmorstücken mit schwarzer Einfassung, und hie und da sind die Stiegen zu den untern Sälen gut erhalten.

Die Villa scheint mehrere Stockwerke gehabt zu haben; das unterste steckt noch unausgegraben im Boden. Der oberste Teil überrascht durch den vollkommen erhaltenen Plan seiner Gemächer, welche nach der Seite des Ufers ein Halbkreis umgibt, vielleicht ein Theater; Nischen und Rundmauern lassen weiter auf einen Tempel schließen. Alles, was zur überschwänglichen Pracht des fürstlichen Lebens gehört, hat diese Villa vereinigt, und weil sie so lange Zeit Kaisersitz war, muß sie, ehe Nero und Hadrian bauten, alle andern Villen Roms an Herrlichkeit übertroffen haben. Dazu kommt die unvergleichliche Lage über der Meerenge, wo zwei Golfe dem Blicke frei liegen. Von hier aus sah Tiberius Alles, was auf der Insel vorging, er sah auch die Schiffe, welche von Hellas, von Asien und Afrika, in den Golf einliefen, oder die von

Rom herabkamen. Schön aber muß auf der See selbst der Anblick gewesen sein, segelte man zwischen Capri und dem Cap der Minerva und betrachtete dort die Marmorschlösser und den Faro, hier die Tempel. Denn Tiberius sah auf jenem Vorgebirge, dessen Spitze heute ein Turm krönt, noch die weitberühmten Tempel der Minerva, der Sirenen, und des Herakles.

Ich saß manche Stunde lang auf den Trümmern und baute mir Capri wieder auf. Welch ein Anblick, denkt man sich alle diese Gipfel mit Marmorpalästen geschmückt und das Eiland bedeckt mit Tempeln, Arcaden, Statuen, Theatern, mit Lusthainen und Straßen. Und welch ein Bild würde es sein, sähe man alles dies von dem Hof eines römischen Kaisers belebt.

Man sieht in Neapel schöne Büsten und Kolossalfiguren des Tiberius, die trefflichsten aber besitzt das vaticanische Museum. Ich habe bemerkt, daß jene in Neapel ihn eher im Alter, diese in Rom in jüngern Jahren vorstellen, wahrscheinlich weil die meisten Büsten des Kaisers, welche in Herculanum und Pompeji ausgegraben wurden, seiner caprischen Periode angehören. Im Vatican steht seine kolossale Figur, die in Veji gefunden ist, aufgestellt in der Gallerie Chiaramonti; sie stellt ihn in idealer Jugendlichkeit als Heros dar, mit porträtgetreuen Zügen. Sein Kopf ist geistvoll und edel geformt, der Mund fein und schön; in jugendlicher Erscheinung sind seine Züge dionysisch, und auch die Fülle des Körpers ist wollüstig, ja weibisch zu nennen.

Dies moralische Ungeheuer war, wie Cäsar Borgia zu seiner Zeit, der schönste Mann unter den Lebenden, von allen Kaisern Roms übertrifft ihn nur Augustus an classischer Schönheit. Man vergißt den Kopf des Tiberius nicht mehr, wenn man ihn einmal gesehen hat; man erwartet das verzerrte Antlitz eines Dämons zu erblicken und ist überrascht von der Feinheit seiner Züge, die einem Sardanapal so wol entsprechen würden. Nur im Alter zieht sich um den Mund ein schneidend scharfer Zug von Hohn und Skepsis, und der Ausdruck bekommt etwas widerwärtig Starres, hartherzig Verschlossenes, selbst Gemeines. So zeigt ihn der kolossale Kopf in Neapel, und so ihn seine Büste im Capitol.

Tiberius war der erste eigentliche Monarch nach August, der noch in den Formen der Republik regiert hatte. Er erbte eine schon sklavisch gewordene Menschheit. An der Schlechtigkeit der Welt ging er selbst zu Grunde. Caligula wurde bei dem Gedanken wahnsinnig, Herrscher der Erde zu sein, und dauerte nur wenig Jahre. Das ist kein Wunder. Denn diesen Menschen warf eines Tags der Zufall die Welt mit allen ihren Genüssen vor die Füße; sie wurden darüber sinnlos, sie hätten die Erde auf einmal ausschlürfen mögen wie ein Ei. Nach den Bürgerkriegen und nach Augustus trat eine Stille in der Weltgeschichte ein, die wüsteste Pause im Leben der Menschheit, da die alte Welt unaufhaltsam verrottete. Augustus war groß und glücklich, weil er seine Herrschaft errungen hatte; seine Nachfolger waren elend, weil sie nichts zu erstreben hatten. Auf einmal in den Besitz eines schon längst eroberten Weltreichs gesetzt, wußten sie nicht, womit sie ihre Tage hinbringen sollten, denn auch der Genuß des Herrschens wird unerträglich, wenn ihn nicht Mühe würzt und Entbehrung unterbricht. Caligula überbrückte im Wahnsinn das Meer, Claudius ward ein Bücherwurm, Nero steckte Rom in Brand und spielte dazu die Zither, er machte Verse und wollte wenigstens als Wagenlenker und Komödiant etwas gelten. In jener Periode des antiken Weltschmerzes finden wir hintereinander Tiberius, Caligula, Claudius und Nero, Dämonen und Verrückte, weil das Räderwerk der Geschichte stille hielt. Beispiellos teuflisch wäre die Natur, schaffte sie solche Ungeheuer nacheinander, grundlos und als ein abgeschmackter Zufall.

Aber man würde dem Charakter des Tiberius Unrecht

thun, würfe man ihn mit seinen Nachfolgern zusammen. Diese waren plumpe, nackte Bösewichte, die ihre bestialische Natur offen zur Schau stellten. Tiberius, seiner Zeit an Geist überlegen, war ein feiner Kopf, ein vollendeter Diplomat aus der Schule des Heuchlers Augustus. So fein, verhüllt, still herauslauernd und vorsichtig spähend ist auch sein Antlitz, zumal der jesuitische Zug um den Mund, und schwerlich hat die Natur einen vollkommenern Diplomatenmund geschaffen. Scharf geschlossen sagt er das Wort Talleyrands, daß die Sprache dazu da sei, die Gedanken zu verbergen. Wir aber wissen aus dem Tacitus, welcher Art die Kunst des Tiberius im Sprechen war. Die Grammatik und Logik der Diplomaten hat Tiberius erschaffen. Dieser Mann versprach nicht, noch schwor er, noch log er, der eine fortwährende Lüge war. Wie plump erscheinen gegen diesen feinen, classischen Despoten Herrscher der neuern Geschichte, Abenteurer, die sich auf einen Tron hinaufgelogen, und Könige, welche offenbar die Eidschwüre brachen. Tiberius würde sie unter seine Freigelassenen verweisen, mit verächtlichem Lächeln. Dieser Mann ließ niemals ahnen, was er thun würde, denn auch das Gegenteil war gewiß. Er schlug nie den Dingen geradezu und mit der brutalen Gewalt der sogenannten Staatsstreiche auf den Kopf, er umschlich sie. Sein Wille und seine Absicht waren wie Helldunkel zweifelhaft. Man lese nur die meisterhafte Geschichte vom Sturze des Sejan.

Der Mann von Elba hat einst den Charakter des Tiberius warm verteidigt und gegen die Urteile des Tacitus und der Geschichte in Schutz genommen.

Nachdem nun Tiberius die Diplomatie August's zu dem System des Jesuitismus verfeinert hatte, zog er sich in diese Villa zurück, um Lebensekel sich im Genusse zu betäuben. Er erschöpfte jede Wollust, aber die menschliche Natur ist so dürftig angelegt, daß sie nur einen winzigen Teil von Lust genießen kann. Das lehrt die Felsenscholle Capri und diese Villa des Zeus, in welche sich der Herrscher der Welt verbannte, der diese selbst nur als ein Exil zu betrachten gelernt hatte.

Innerhalb derselben Wände, die einst widerhallten von lydischen Flöten und von dem Lachen der schönsten Weiber, wohnt jetzt das Vieh der armen Bauern; und dies ist heute die Ausstattung der Säle des Tiberius: Epheu, wilde Feigenbäume, Malven, Rosen, Cinerarien, Granatbäume, das wuchert in diesen zerstörten Zimmern durcheinander, und im Winde tanzen die Reben, die Enkel des alten capräischen Bacchus, als wären sie die Geister jener Hetären, welche einst hier den Cancan um Tiberius getanzt haben.

Oben steht eine Kapelle, Santa Maria del Soccorso auf der höchsten Höhe der Villa und über ihren Ruinen. Dort wohnt ein Eremit. Kein Ort in der Welt ist zum Büßen so passend als die Ruine dieser Villa des Tiberius, unter dessen Regierung und während dessen Aufenthalt in Capri Jesus ans Kreuz geschlagen wurde. Die Kapelle steht hier wie das Christentum selbst auf den Trümmern der heidnischen Welt, deren Buße es war. Dies Zusammentreffen ist seltsam, und ich meine, hier ist eine der tiefsinnigsten Stellen, an denen man verweilen mag. Denn hier steigen vor dem Blick zwei ungewöhnliche Gestalten auf, Zeitgenossen, Repräsentanten zweier Weltperioden: hier im Westen der greise Dämon Tiberius, der Beherrscher der Erde, der Repräsentant der untergehenden heidnischen Welt und als Ebenbild ihres sittlichen Elends; dort im Osten der junge ideale Mensch Jesus, an das Kreuz geschlagen, aber umringt von begeisterten Propheten eines neuen Erdenfrühlings. Diese beiden Gestalten stehen sich gegenüber wie Ahriman und Ormuzd, der Gott des Lichts und der Finsterniß.

In solchen Betrachtungen über die Jugend des ersten Christentums stand ich auf diesen Trümmern, und siehe, da trat mir plötzlich die historische Erscheinung jener idealen Religion entgegen in der Gestalt des schmuzigen Franciscanereremiten, und fast wich ich vor dem Mann zurück: ein alter Mönch mit langem weißem Bart, in schwarzer Kutte, ein Klumpfuß, hinkend, häßlich, mit habgierigen Augen. Da war es mir, als sah ich Tiberius als Mephistopheles vor mir, und mit satirischem Lachen hörte ich ihn sagen: „Das ist die Geschichte des Christentums!"

Der Klumpfuß hinkte mir voran in seine Zelle. Ich suchte unter seinen Büchern und las auf deren einem diesen Titel: „Legendarium der heiligen Jungfrauen, welche für unsern Herrn Jesus Christus sterben wollten." Auch der Eremit Tiberius las auf derselben Stelle Bücher von Jungfrauen, aber nicht von solchen, die für seinen Zeitgenossen sterben wollten, sondern es waren die Schriften der griechischen Hetäre Elephantis, welche die Kunst der Wollust behandelten und damals in Rom Mode waren. Sueton erzählt, daß er diese Bücher in Capri bei sich gehabt habe. Indeß auch Lascivitäten fand ich bei dem jetzigen Einsiedler. Er zeigte mir die Copie eines Reliefs, welches man im Museum zu Neapel sehen kann. Es stellt einen ältlichen nackten Mann zu Roß dar; vor ihm sitzt auf dem Sattel ein nacktes Mädchen mit einer Fakkel, ein nackter Jüngling führt das Roß gegen die Statue eines Gottes. Die Aehnlichkeit des Reiters mit Tiberius ist so auffallend, daß man glaubt, jenes Relief stelle eine nächtliche Scene aus seinem Leben in Capri dar, etwa ein Opfer vor dem Priap; aber die Halskette, welche die Gestalt trägt, ist genau dieselbe, die der sterbende Fechter und andere Gallier tragen, sie paßt also nicht für Tiberius. Der Eremit hatte das Relief in Wasserfarben mit sichtbarem Behagen am Nackten copirt; es gehört nämlich zu seinem Local, weil es unter den Trümmern der Villa ausgegraben wurde.

Zwei mal wurden diese durchsucht, doch jedesmal unvollständig, im Jahre 1804 von Hadrawa, von Feola 1827. Man fand schöne Fußböden von Marmor, wovon einer sich in der Hauptkirche Capri's vor den Altar gerettet hat, auch viele köstliche Säulen, darunter eine kleine von Lapis Lazuli, welche ein Engländer erstand, Bildsäulen, die man verschleuderte, Mosaiken, welche das Museum in Neapel aufbewahrt.

Kein Kaiser in der Welt kann sich rühmen, im Besitz eines Hauses von gleich schöner Aussicht zu sein, als dem Eremiten seine merkwürdige Klause gewährt. Aus seinen Fenstern überschaut er die Golfe von Neapel und Salerno und die schönsten Küsten und Inseln Italiens. Nichts gleicht dem Blick auf das nahe Vorgebirge der Minerva, dessen Formen von der herrlichsten Plastik sind; hinter ihm sieht man die Bergreihen des Sant Angelo und des ganzen Ufers von Amalfi und Salerno in der Verkürzung aufgereiht, wie Coulissen eines ungeheuern Theaters. In klarer Luft sah ich Pästum weit über Meer, dann das Castell Baro und die Punta Licosa in meilenweiter Ferne. Bei Sonnenuntergang ist das Irisspiel der Farben über den Bergen hinreißend wie eine Phantasmagorie, und oft war es mir, als wäre, was ich sah, nicht Wirklichkeit, sondern das stralende Bild einer Vision.

Eines Abends saß ich auf den Ruinen der Villa und weidete mich an dem großen Anblick jenes Caps, da fiel mein Blick auf die silberweiße Haut einer Schlange, die, jüngst abgestreift, mir zu Füßen lag. Ich nahm sie auf wie ein göttliches Geschenk, das für mich selbst mit vergangenen Tagen in einer gewissen symbolischen Verbindung stand. Mir fiel aber auch ein, daß Tiberius hier eine Lieblingsschlange gehalten hatte, die er fütterte und mit der er zu spielen pflegte. Ich stieg mit meinem Fund den Berg hinunter. Da kam mir Mephistopheles auf einem Esel nachgeritten. Ich zeigte dem Mönch die Schlangenhaut und erfuhr bei dieser Gelegenheit, daß der geheimnißvolle Mensch auch Schlangenzauberer sei. Er erzählte mir, daß er Schlangen fange und zwar lebendige, zu jeder Zeit und jede, welche er wolle. Ich fragte ihn hierauf, wie er das mache. „Ich greife sie", sagte er, „wenn ich ihnen befohlen habe, stille zu liegen; sie wickeln sich sogleich um meinen Arm, dann sperre ich sie in ein Gefäß und schicke sie nach Neapel zum Apotheker." – „Wie aber könnt Ihr ihnen befehlen, stille zu liegen." Er antwortete mit einem satanischen Lächeln: „Ich sage ihnen einen Spruch vor und den Namen Sanct Paul, dann liegen sie gleich still." – „Könnt Ihr mir den Spruch nicht geben", fragte ich, „damit ich auch den Schlangen befehlen könne?" – „Nein", sagte er, „ich habe ihn von einem andern Einsiedler und dem mit heiligem Schwur gelobt, ihn nicht wegzugeben."

Als ich fragte, warum im Spruch der Name Sanct Paul vorkomme, so entgegnete er, daß der heilige Paulus der Patron der Schlangen sei, und daß alle Thiere ihre Patrone hätten. Wie mir nun der Mönch das gesagt hatte, so fragte ich ihn nach den Patronen von Allem, was da kreucht und fleucht. Von den Eidechsen ist die Patronin die heilige Gertrude; dies nimmt mich für sie ein, denn die Eidechsen liebe ich gar sehr; sie haben etwas Graziöses und Mädchenhaftes, auch lispeln sie mit dem Zünglein auf die allerliebste Weise. Sanct Antonius ist der Patron der Fische, die heilige Agathe die Patronin der Löwen, die heilige Agnes die der Lämmer.

So hatte ich also richtig geahnt, daß dieser Eremit ein Schwarzkünstler sei, und ich glaube, er treibt noch andere dunkle Sachen im Mondschein auf den Ruinen und an den Klippen mit Kräutern, Wurzeln und schädlichem Gewürm.

Wir haben wahrlich vergessen, daß es auf dem Eiland noch ein zweites Städtchen, Ana-Capri, gibt. Dies ist kein Wunder, denn wer auf Unter-Capri lebt, hört und sieht von jenem Orte nichts. So sehr hat ihn die Natur von allem Verkehr abgeschieden. Man sieht eben nur die steile Felsenstiege, welche dort hinaufführt und deren Beschwerlichkeit nicht zum Steigen reizt; und so möchte es nicht leicht irgendwo die gleiche Sonderbarkeit geben, daß zwei Städte auf einem und demselben Eiland, deren Entfernung auf ebenem Boden wenig mehr als eine Viertelstunde betragen würde, so gänzlich voneinander gesondert sind, daß ihre Bewohner nur selten miteinander verkehren, an ihren Festen selten teilnehmen und selbst einen verschiedenen Dialekt reden.

Die Liebe, so erzählt die Sage, war die Gründerin von Ana-Capri. Ein junges Paar entfloh in alten Tagen aus der Unterstadt, erstieg die schroffen Felsen der obern Insel und baute sich dort im Gebüsch hoch oben am Fuße des Solaro eine Einsiedelei. Seitdem folgten andere Verliebte, und so entstand mit der Zeit diese Colonie der Liebesgötter, welche jetzt Ana-Capri heißt.

Und auch heute fliegt der beschwingte Amor wie ein Bergfalke herüber und hinüber von Capri nach Ana-Capri und leiht dem Jüngling seine Flügel, welcher eins jener wilden und schönen Mädchen liebt, die oben in ihrem kleinen Hause unter Rebenranken am Webstuhl sitzen, seidene Bänder weben und Lieder singen, wie Circe in der Odyssee.

So ist also Ana-Capri von der untern Insel geschieden, daß nirgends ein Weg nach oben führt, als jene 560 Stufen hohe Jacobsleiter. Denn plötzlich steigen die Felsenwände, steil und senkrecht wie Mauern, in den wildesten Formen über dem untern Capri auf und bilden gleichsam die gigantische Wand, über welcher, dem Dach einer Basilika gleich, der Berg Solaro sich lagert und auf seiner Senkung das weltabgeschiedene Volk und die Stadt Ana-Capri trägt, gleichsam ein Volk von Eremiten. Im Zickzack führt die in den lebenden Stein gehauene Stiege an dem scharfen Felsenrande aufwärts und endet oben an der Plattform. Man schreibt dies sonderbare

Werk den ältesten Zeiten zu, als Phönizier oder Griechen die Oberstadt anlegten, denn nur auf dieser Stelle ist eine Verbindung mit der Oberstadt möglich. Man sieht auch noch Spuren der ältesten Stiege. Auf der Hälfte dieses Wegs steht heute die kleine Kapelle des heiligen Antonius, wo man Odem schöpfen kann, denn man erreicht die Höhe nicht, ohne entatmet zu sein. Aber die unvergleichliche Fernsicht von der Plattform, Capo di Monte genannt, belohnt die Mühe reichlich, da man den ungeheuern Fels mit seiner breiten Brust und den schwebenden Bäumen, welche hängenden Gärten der Semiramis gleichen, frei in die Luft ragen sieht, und unter sich den Anblick von ganz Nieder-Capri und den Prospect in beide Meere hat. Hoch über der Plattform steigt der Solaro, von wüstem grauem Gestein überdeckt, noch einige hundert Fuß empor, und trägt auf einer scharfen Kante die schönen Ruinen des Castells Barbarossa, welches seinen Namen von dem berühmten Korsaren führt, der einst Capri zerstörte.

Sobald man wenige Schritte auf der Plattform weiter geht, breitet sich vor den Augen eine neue und fremde Welt aus. Der Berg Solaro, das Ebenbild des Monte Pellegrino von Palermo, gipfelt sich hier steil empor; er ist ganz öde, und mit zahllosen Felsblöcken wie mit Trümmern bedeckt. Gegen Westen und Norden senkt er sich zur größten Ebene nieder, welche die Insel besitzt, und auf diesem schrägen Abhange steht hoch über dem Meer, unter grünen Bäumen und blühenden Gebüschen, Ana-Capri.

Die kleinen, originell gebauten Häuser dieses Städtchens liegen in Gärten zerstreut; und hier gibt es viel Oelbäume und sehr viel Reben, die nach campanischer Art um die Bäume ranken. Die Luft ist rein und balsamisch, aber die Sonnenglut wirkt um so stärker auf der schiefen Ebene. Blickt man auf diesen malerischen Ort, auf diese seltsame sonnverbrannte Felsenöde über ihm, in die grenzenlose Stille des blauen

Meers in allen Fernen, so möchte man hier den Wanderstab in die Erde stecken und der Welt Lebewol sagend seine Eremitenzelle bauen.

Hier ist es noch stiller als in Capri. Man sieht nur Menschen, welche singend arbeiten, vor der Thüre am Webstul sitzen oder die Spindel mit der gelben Seide drehen, oder im Garten graben und die Maulbeerblätter für den Seidenwurm abpflücken, oder solche, die mit dem Wasserkrug auf dem Kopf daherkommen. Weil die Männer draußen sind und, da es Sommer ist, viele Jünglinge auf den Korallenfang nach Afrika oder Corsica gezogen sind, sieht man hier fast nur Frauen. Es scheint, wir seien zu den Weibern von Lemnos gekommen, welche männerlos auf ihrem Felsen sitzen, endlose Gewebe webend.

An den Tagen und Stunden, wo die Barken von Neapel heimkommen, fand ich bisweilen über der Stiege eine Schar Mädchen sitzen, oft mehr als dreißig, viele von seltner Schönheit. Plaudernd saßen sie um die Felsen und spähten den nahenden Segeln entgegen, um dann an den Strand hinabzusteigen. Ich setzte mich unter sie und blickte nicht minder sehnsüchtig über den Golf auf das weiße Schiff, ob es mir einen Brief in diese Einsamkeit herüberbrächte. Fast alle hatten sie einen Strauß in der Hand oder einen Zweig Basilicum, durch die Blume zu bitten; Antoniella aber hielt den prächtigsten Strauß vor sich von Basilicum, Nelken, purpurroten Rosen und Myrten, mit einem bunten Band kunstvoll in Schleifen zugebunden. Dieser Strauß wurde das Sinnbild unserer Freundschaft und der Schlüssel zu dem reizendsten Weberhäuschen in Ana-Capri, wo ich manche Stunde mit den naivsten Naturkindern verbracht habe. Antoniella webte in einer Gartenkammer, ganz im Grün unter Weinlaub und blühenden Oleandern, und sie war flink und geschickt wie die Spinnerin Arachne; ihre ältere Schwester webte neben ihr weißes Baumwollenband, sie aber ein buntgemustertes. Sie verstand nicht auf der Maultrommel zu spielen, aber desto geübter schlug sie die Handpauke. Ihre Brüder waren draußen auf dem Meer.

Der Fleiß dieser Mädchen, die alle mit der Weberei beschäftigt sind, ist erstaunlich, denn schon mit Sonnenaufgang setzen sie sich an den Webstuhl, und mit wenig Unterbrechung weben sie bis zum Sonnenuntergang, und so das ganze Jahr hindurch. Freilich sind sie nicht zu jenem Lasttragen verdammt, wie ihre Schwestern in Capri; nur wenn das Regenwasser in den Cisternen ausgeht, müssen sie die Treppe hinuntersteigen und in Krügen das Wasser von Capri holen, wo vier dürftige Quellen fließen. Goldnes Geschmeide und Korallenschmuck, auch silberne Pfeile in den Haaren tragen sie alle, und das Mädchen würde unglücklich sein, welches solchen Schmuck nicht besäße.

Es gibt im Ort einen Campo Santo, voll von Cypressen und Blumen; der größte Stolz der Ana-Capresen aber ist das sogenannte irdische Paradies, nämlich der Fußboden ihrer Kirche, auf dessen Fliesen in Smalto das Paradies dargestellt ist, eine Arbeit aus dem 17. Jahrhundert. Auch hier ist die Architektur bizarr und maurisch. Es gibt Masserien, die mit ihrer Pergola reizend genug aussehen.

Wenig tiberische Ruinen sind in Ana-Capri aufzufinden; der Weinbauer hat sie hinweggetilgt, auch standen hier weniger Gebäude als auf Capri. Die meisten Reste von Altertümern hat die Ebene Damecuta, ein fruchtbares Land, welches zur Küste sanft niedersteigt und in dessen Ufer die blaue Grotte liegt. Es ist eigentümlich, daß Ober-Capri trotz seiner Höhe doch niedrigere Küsten besitzt als Unter-Capri; denn der hohe Berg senkt sich lang hingestreckt nach Westen wie nach Norden in's Meer, aber dennoch ist das Ufer weder der Barke noch dem Menschenfuß zugänglich, strandlos, hafenlos und dem Schiffbrüchigen sicheres Verderben bringend.

Der Turm Damecuta bezeichnet ungefähr die Stelle, wo unten am Ufer die nun weltberühmte blaue Grotte liegt, das Wunder Capri's, doch nicht das einzige dieser sirenischen Insel. Von dem Tage, da sie entdeckt wurde, erzählt mir mein Wirt Michele ausführlich. Er machte damals die Unternehmung als Knabe mit. Es waren sein verstorbener Vater Guiseppe, August Kopisch, der Maler Fries und der Schiffer Angelo Ferraro, welche es wagten, in diese Grotte einzudringen. Alle sind sie nun todt, nur Michele weiß von der Entdeckung zu erzählen. Ein Onkel Pagano's, Priester auf Capri, ermahnte die Gesellschaft, von dem Versuch abzustehen, denn die Höle sei der Aufenthalt böser Geister und viele Seeungeheuer hausten in ihr. Auch war das Eindringen schwierig, weil es vor der Entdeckung keine einzige kleine Barke auf der Insel gab. Es drang also Angelo auf einer Wanne ein, Kopisch und Fries schwammen. Mein Wirt beschrieb mir lebhaft das Jauchzen beider Maler, als sie in der Grotte waren, und zumal, sagt er, war Fries wie von Sinnen, er schwamm bald heraus, bald hinein, und immer mit Jubeln und mit Jauchzen. August Kopisch hatte keine Ruhe, er eilte sofort nach Neapel und holte seine Freunde, und so that er ab und zu. Pagano bewahrte ein altes Fremdenbuch wie eine Reliquie; darin hat Kopisch unter dem 17. August 1826 folgende Entdeckungsurkunde hineingeschrieben:

„Freunde wunderbarer Naturschönheiten mache ich auf eine von mir nach den Angaben unsers Wirts Giuseppe Pagano mit ihm und Herrn Fries entdeckte Grotte aufmerksam, welche furchtbarer Aberglaube Jahrhunderte lang nicht zu besuchen wagte. Bis jetzt ist sie nur für gute Schwimmer zugänglich; wenn das Meer ganz ruhig ist, gelingt es auch wol, mit einem kleinen Nachen einzudringen, doch ist dies gefährlich, weil die geringste sich erhebende Luft das Wiederherauskommen unmöglich machen würde. Wir benannten diese

Grotte die blaue *(la grotta azurra),* weil das Licht aus der Tiefe des Meeres ihren weiten Raum blau erleuchtet. Man wird sich sonderbar überrascht finden, das Wasser blauem Feuer ähnlich die Grotte erfüllen zu sehen; jede Welle scheint eine Flamme. Im Hintergrund führt ein alter Weg in den Felsen, vielleicht nach dem darüber gelegenen Damecuta, wo der Sage nach Tiber Mädchen verschlossen haben soll, und es ist möglich, daß diese Höle sein heimlicher Landungsplatz war. Bis jetzt ist nur ein Marinaro und ein Eseltreiber so herzhaft, diese Unternehmung mit zu wagen, weil allerhand Fabeln von dieser Höle im Umlauf sind. Ich rate aber jedem, sich vorher mit diesen beiden des Preises wegen zu verständigen. Der Wirt, welchen ich seiner Kenntniß der Insel wegen empfehle, will einen ganz kleinen schmalen Nachen bauen lassen, womit dann bequemer hineingefahren werden könnte. Bis jetzt will ich es nur guten Schwimmer raten. Sie ist des Morgens am schönsten, weil Nachmittags das Tageslicht stärker und störender hineinfällt und der wunderbare Zauber dadurch gemindert wird. Der malerische Eindruck wird noch erhöht, wenn man, wie wir, mit flammenden Pechpfannen hinein schwimmt."

Der treffliche Kopisch hat sich auf diesem Eiland ein herrliches Denkmal entdeckt, und mir ist es, als wäre die wunderbare Grotte deutsches Eigentum und deutsches Symbol. An dieser Stelle verweben sich mit jenem Dichtermaler viel Erinnerungen auch an Tieck, an Novalis, an Fouqué, an Arnim, an Brentano, die nun Alle heimgegangen sind bis auf Eichendorff, und bis auf Heine, den letzten verwunschenen Prinzen dieser Dichterschule. Wir wollen denn als Grabesspender aus dem blauen Feuerwasser von Capri einen Weileguß auf die Gräber jener todten Dichter gießen. Denn von dieser Grotte haben sie alle geträumt, und wahrlich, es konnte der Preis ihrer Auffindung auch nur einem Maler und Dichter zukommen, aus der Zeit derer, welche die blaue Wunderblume der Poesie suchten bei den Undinen in der Tiefe, bei der Frau Venus im Berge und in den unterirdischen Grotten der Isis. Sie waren alle liebenswürdige kleine und große Kinder, Knaben mit dem Wunderhorn. Ihr Hoherpriester Novalis sieht aus wie ein schöner, bleicher Knabe, der sich in das lange Predigergewand seines todten Urgroßvaters gesteckt hat und mystische Weisheit redet, von der Niemand weiß, wie das Kind dazu gekommen sei. Ihre Muse aber ist eine Sirene. Sie wohnt in der blauen Grotte auf Capri, der Insel des grausamen Wollüstlings Tiberius. Sie haben alle ihren herzbewegenden Gesang gehört, und keiner hat sie gefunden, sie haben sie alle gesucht und sind vor Sehnsucht nach der blauen Wunderblume alle gestorben. Goethe hat es ihnen prophezeit in dem „Fischer": „Halb zog sie ihn, halb sank er hin und ward nicht mehr geseh'n." Und nun, da die blaue Wunderblume, nämlich die blaue Wundergrotte, denn das war das unbekannte Mysterium, gefunden ist, ward der Zauber gelöst, und kein Lied der Romantiker wird mehr gehört werden in deutschen Landen.

Als ich in die Grotte einfuhr, war es mir, als wäre ich in eins jener Märchen zurückgekehrt, in die man sich als Kind hineinlebt. Welt und Tag sind auf einmal verschwunden, und da ist man in der wölbenden Erde und in einem Dämmer von blauem Feuerlicht. Die Wellen atmen still und perlen Funken empor, wie als sproßten aus der Tiefen blitzende Smaragde und rote Rubinen und tausend Karfunkelsteine auf. Geisterhaft blau sind die Wände und mysteriös anzusehen, wie Paläste von Feen. Es ist Schein von fremdem Wesen und von fremdem Geist, ganz wunderbar, heimlich und unheimlich zugleich. Alles ist still wie in einer Schattenwelt, da Niemand auch nur reden mag. Du jauchzest zuerst auf, dann bist du still, und es schallt nur das plätschernde Ruder oder das Kichern der Wellen, welche Phosphorkränze um die Felsenwände schlingen. Das blaue magische Wasser lockt unwiderstehlich. Man muß hinabspringen, und man taucht sich wie in ein Lichtmeer nieder.

Ja, ich glaube wol, daß Tiberius hier badete und unter den schönen Mädchen seines Harems umherschwamm, wie Sueton erzählt. In dieser wollüstig strömenden Phosphorglut glühten dann die Mädchenleiber wie stralende Leiber von Meerfeien, und nicht hat hier Sirenengesang und Flötenspiel gefehlt, um solches Bad zu einem unsagbaren Wollustspiel zu machen. Ich sah auf einer griechischen Vase eine Sirene gemalt, ein wunderliebliches Wesen, das hebt beide lilienweiße Arme auf, kichert und schlägt zwei blitzende Erzbecken zusammen. So kommen hier die Sirenen aus der blauen Feuerglut herauf, schlagen die Erzbecken zusammen, kichern und tauchen auf und unter. Aber nur Sonntagsmenschen sehen sie und kleine Kinder.

Man muß über den Reichtum dieses Eilandes an Grotten sich verwundern. Erdgrotten und Meergrotten, seltsam geformt und alle schön, gibt es hier so viele, daß man nicht alle kennen lernen kann. Ich bin in mehr als funfzehn dieser Grotten eingedrungen und habe darunter auf der südlichen Seite eine kleine gefunden, welche genau die blauen Lichteffecte der Grotta azzura zeigt. In andern findet man grüne Lichter, je nach der Beschaffenheit des Grundes, in weißlichem Feuer phosphorescirend, zumal in der Grotta verde, der herrlichsten Capri's durch ihre prächtig gewölbte Architectur und die Umfassung grandioser Felsenzinnen. Sie ist nicht ganz unterirdisch bedeckt, sondern hat eine Felsendurchfahrt von einer Seite zur andern.

Einige dieser Grotten haben Namen, wie die Marmolata, die Marinella, andere sind namenlos. Ich machte mir das Vergnügen, alle die namenlosen, die ich besuchte, zu benennen, ohne den Ruhm eines Hölenentdeckers zu beanspruchen. Und so weiß ich nur allein, wie schön es ist in der Grotte Stella di Mare, in der meerblumengeschmückten Grotte Euphorion, in der Grotte der Meerspinne, deren Wände gelb sind und deren Gestein, wo es die Welle benetzt, rosig, sammtgrün und weißlich schimmert. In einer Grotte war es ein Wogenschlürfen und ein anapästisches Wellenschlagen, sodaß ich sie den Eumeniden geweiht habe. Alle liegen sie vom Ufer des Solaro bis hinaus über die Faraglioni, unscheinbar außen, da ihre Mündung oft dem oberflächlichen Blick entgeht, drinnen hochwölbig, dunkel, wellenstill, von Meerspinnen, Seeigeln, Meersternen bewohnt, eine zauberische Geistereinsiedelei.

Es ist höchst belohnend, die ganze Insel zu umfahren. Man braucht dazu drei Stunden und kann in dieser Zeit auch einige Grotten besuchen. Die Westküste hat die Hölenbildung nicht, denn hier sinkt das Ufer vom Solaro nieder zwischen beiden Caps Punta di Vitareto und Punta di Carena. Es sendet dort drei niedrige, doch schroffe Spitzen aus, Campetiello, Pino und Orica, welche mit Schanzen bewehrt sind. Und hier war auch die Stelle, wo die Muratisten bei Nacht die Felsen erklimmten. Rudert man aber um die Carena, so wird das Südufer plötzlich Furcht erregend hoch und steil; die gigantischen Felsen steigen senkrecht vom Wasserspiegel auf bis in das Gewölk, welches ihre Gipfel umspinnt. So geht die Südküste fort bis zur Punta Tragara, und nicht minder erhaben, bizarr und wild zugleich ist die ganze Ostküste bis zum Lo Capo, dem Nordostcap der Insel. Hier ist das Ufer voll von stalaktitischen Hölenbildungen.

Nun noch hinauf zum Gipfel der Insel, zum Solaro. Steigt man über Ana-Capri auf pfadlosen Felsen mühsam empor, so gelangt man zum Kamm des Berges. Form und Anblick ist überraschend, weil der Solaro auf der Höhe selbst sich tief einsenkt und eine dürre braune Fläche darbietet, das Dach jener Felsenwände, die nach Capri abstürzen. Auf braunem Haideland geht man fort zwischen starren Kalksteinblöcken, und jeder Schritt stört Schwärme von Heuschrecken auf, welche in unglaublicher Zahl den Boden bedecken. Am Rand dieser Fläche aber hängt an schauerlichen Felsen hoch über dem Meer die Klause des Eremiten von Ana-Capri, und nimmer sah ich noch eine Eremitage, die es so ganz gewesen. Ich fand alle Thüren offen und den Siedler nicht daheim. Seine Kutte hing über der Mauer seines Felsengärtchens, über seinem Bette der heilige Antonius von Padua, ein geweihter Oelzweig und ein Rosenkranz; in seiner Vorratskammer die weinende Madonna dolorosa, gerade über einem Häuflein Zwiebeln, und da standen umher ein Korb voll Brot und ein paar leere Teller.

Ich sah im Campo Santo zu Pisa jenes phantasiereiche Frescogemälde von Ambrogio und Piero Lorenzetti, welches das Leben heiliger Eremiten in der Wüste darstellt, und fand einen Zug daraus hier lebend wieder. Ich glaube, der alte Eremit predigt hier jeden Freitag den Fischen, gleich dem heiligen Antonius, den man auf einem Bilde in Rom sehen kann, wie er auf einer Felsenklippe steht und in das Meer hinunterpredigt. Es strecken aber die dummen Fische ihre Köpfe heraus und sperren alle die Mäuler weit auf. Wie ich nun in der Klause umherging, kam der Alte, ein Laienbruder. Er trug ein Bündel Reisig auf der Schulter. Sehr froh einen Gast zu finden, entschuldigte er sich, daß er keinen Wein habe. Schon 32 Jahre klaust er oben in der Felsenwüste, und auch er hinkt vom Klettern, doch nicht mephistophelisch wie der Tiberius-Eremit, sondern nur sanft wie Heilige und wie die indischen Götter, wenn sie die Erde der Sterblichen berühren.

Ueber seiner schwindelnden Klause steht der Gipfel des Solaro, die Spitze Capri's und, wie ich schon sagte, die Warte nes Telegraphen. Hat man sich dort hinaufgearbeitet, so genießt man endlich den Lohn des Hercules. Denn hier liegt zu Füßen hingebreitet das ganze Eiland und ein Kosmos wunderbarer Schönheit.

Dies ist der Horizont, den hier das Auge umfaßt: südwärts endloses Meer, nach West und Nord die Ponzainseln, Ischia, das Eiland Vivara, Procida, hinter ihnen traumhaft und weit die Berge von Gaëta und Terracina mit dem Cap der Circe, weiter die Bergpyramide des Misen, an deren Fuß Tiberius ermordet wurde, die elyseischen Ufer und die der Kimmerier, die blauen Küsten von Bajä und von Puteoli, Cumä, mit dem Berge Gaurus und der Solfatara, das schloßgekrönte Eiland Nisita, der schlanke Posilip, die Spitze der Camaldoli, ferne Berge von Capua, dann das Ufer von Neapel, ein langer Kranz von Städten bis nach Torre del Greco; der rauchende Vesuv über Pompeji, hinter ihm hervor die Berge von Sarno und Nocera, vielgegliedert und reichgefaltet; ostwärts das braune, scharfgemeißelte Ufer von Massa mit dem Cap Sorrento und dem der Minerva, dahinter der hohe Sant Angelo, weiterhin die sirenusischen Klippen und die Golfe von Amalfi und Salerno, endlich weit hinaus in der Ferne die bleichen Berge Calabriens, der Ufersaum von Pästum und Cap Licosa in Lucanien.

Auf solcher Höhe und in solcher Weite des Gesichtskreises fühlt man einmal auch Sonnenweiten menschlicher Existenz. Denn fürchterlich eng ist das Menschenleben, und es rücken die Dinge hart auf den Leib, welcherlei Namen sie haben, sodaß es ein ewiger kleinlicher, peinlicher Kampf ist um größern Horizont. So ist auch alle Bildung Horizontalvergrößerung; ihr herrlichster Lohn ein Blick von Höhen der Cultur, wo sich die Künste und Wissenschaften, alles Geschaute, Gedachte und Gelebte in göttlicher Ordnung, schön und weit zu einem kosmischen Ringe schließen.

Auf dem Gipfel des Solaro dachte ich an Humboldt. Ich glaube, um dessen Geist liegt die Welt so schön und klar gegliedert; und auch an Plinius dachte ich hier, den Humboldt der Römer, weil ich den Berg Misen und den Vesuv sah; und an Aristoteles, den wahrhaft kosmischen Geist und Ordner des menschlichen Wissens.

Doch wir, schon zufrieden, nur mit dem leiblichen Auge eine so große Ordnung der Natur einmal angeschaut zu haben, steigen jetzt herab; denn es sinkt die Sonne hinter Ischia. Schon glüht das weite Meer im Westen von dunklem Purpur, und der Fels von Ponza, der sich aus der Flut emporhebt, schön und fern, als läge er in einer andern Sphäre des Raums und Lichts, ist ganz durchglüht und erschimmert in durchsichtigem Purpurbrande. Also lebe wol, du schönes Eremiteneiland Capri.

Zu dieser Ausgabe

Die Textgrundlage unserer Ausgabe bilden die *Wanderjahre in Italien* von Ferdinand Gregorovius, die zwischen 1856 und 1877 in fünf Bänden im Verlag F. A. Brockhaus in Leipzig erschienen sind. Die Bände (auch einzelne Stücke daraus) haben zahlreiche neue Auflagen erfahren.

Der erste Beitrag *Idyllen vom baltischen Ufer* ist nur im ersten Band *Figuren. Geschichte, Leben und Szenerie aus Italien* der ersten Auflage von 1856 zu finden, wurde in den späteren Auflagen vom Verfasser jedoch weggelassen. Eine erste Fassung unter dem Titel *Sommeridyllen vom samländischen Ufer* mit einer Zuschrift an den Herausgeber, der wohl noch später der angesprochene Adressat des Ganzen bleibt, kam bereits in wenig anderer Gestalt im *Deutschen Museum. Zeitschrift für Literatur, Kunst und öffentliches Leben*, herausgegeben von Robert Prutz, Zweiter Jahrgang, 1852, S. 81–101, zum Abdruck. Unser Text folgt der Einzelausgabe, die Carl von Lorck, mit einem kurzen Nachwort, nach der Fassung der *Wanderjahre in Italien* im Elwert-Gräfe und Unzer Verlag, Marburg 1947, erstellt hat.

Die Beiträge *Idyllen vom lateinischen Ufer*, 1854 entstanden, und *Die Insel Capri*, bald nach der Übersiedlung nach Italien 1853 niedergeschrieben, stehen ebenfalls im ersten Band *Figuren. Geschichte, Leben und Szenerie aus Italien*, Leipzig 1856, der *Wanderjahre in Italien*. Unser Nachdruck folgt der achten, unveränderten Auflage, die in Leipzig 1896 erschienen ist.

Die in den Originalbänden verwendete Fraktur wurde hier durch eine Antiqua wiedergegeben. Dagegen sind Rechtschreibung und Zeichensetzung des Originals treu bewahrt worden.

Nachwort

Ferdinand Gregorovius ist einer der großen Außenseiter der Literatur, den die Dichtungsgeschichte meist nur in einer Marginalie verzeichnet. Ein Dichter im eigentlichen Sinne ist er nicht gewesen, obwohl er alle herkömmlichen Gattungen, Tragödie, Lyrik in den verschiedensten Formen, Epos und Roman, gepflegt hat; schon zu Lebzeiten war ihm kaum ein Erfolg beschieden, und die Nachwelt hat seine Erzeugnisse rasch vergessen; ein später Versuch, die Verserzählung *Euphorion* als „ein geradezu exemplarisches Produkt des historische Stoffe gestaltenden (poetischen) Realismus"[1] zu verstehen, fand in der Forschung keine Zustimmung. Seine Reiseschilderungen, die zuerst in Zeitungen und Zeitschriften erschienen, später in den fünf Bänden *Wanderjahre in Italien* gesammelt worden sind, haben den literarischen Ruhm von Gregorovius begründet; aber es sind seltsame Zwittergebilde, die prachtvolle Naturdarstellungen mit historischem Wissensstoff und politischen Reflexionen oft widerspruchsvoll durchdringen; Josef Nadler hat für diese Gestaltungsform die paradoxe Bezeichnung des „historischen Landschaftsbildes"[2] geprägt. Die großen historischen Werke von Gregorovius haben zwar durchaus künstlerischen Rang, doch wurde ihm das von seinen Zunftgenossen keineswegs immer zum Vorteil angerechnet; niemand konnte das umfassende Quellenstudium verkennen, doch, so glaubte man, fehle ihm Kritik und Urteil bei der Auswertung der Dokumente; für die Großen seines Faches, Leopold von Ranke und Theodor Mommsen, galt Gregorovius nicht als strenger Historiker, sondern als Vertreter einer historischen Belletristik. Der künstlerische Charakter seines Werkes wurde nicht geleugnet, doch ergab sich ein unaufhebbarer Widerspruch zwischen Erkenntnis und Darstellung.

Nicht weniger widerspruchsvoll erschienen seine politischen Gedankengänge. In seiner Jugend trat er für die Ideen des Jungen Deutschland ein, verfocht das Recht auf Liberalität und Demokratie in den *Königsberger Blättern*, schreckte aber vor den Folgerungen zurück, wo Gesetz und Ordnung in Gefahr gerieten. Den Polen billigte er den Anspruch auf Eigenstaatlichkeit zu, wobei er noch an diesem Standpunkt festhielt, als längst jede Möglichkeit einer realpolitischen Verwirklichung verlorengegangen war. In der deutschen Frage stand er als Preuße treu zu seinem Königtum, verlangte aber nach einer großdeutschen Lösung, die auch Österreich in das neue Staatsgebilde einschließen sollte. Die italienischen Einigungsbestrebungen verfolgte er mit offener Sympathie, doch als Rom gefallen war, vermißte er den universalen Charakter des päpstlichen Kirchenstaates. Trotz aller Ehrungen durch Senat und Regierung fühlte er sich im modernen Rom nicht mehr wohl, er versuchte das alte Bild zu bewahren und übersiedelte nach München. Aus dem Nationalisten war ein Weltbürger und aus dem liberalen Heißsporn ein überzeugter Konservativer geworden, der zwar wußte, daß es in der Geschichte kein Zurück gab, den aber der Abschied von der alten Zeit mit Wehmut erfüllte.

Seine wissenschaftlichen Überzeugungen waren durch Hegels Philosophie geprägt, die ihm sein Lehrer Karl Rosenkranz vermittelte. Mit Hegel glaubt er an „Ideen, die die Welt beherrschen", der geschichtliche Prozeß ist eine „fortschreitende Bewegung", durch die „die Menschheit immer größerer Vervollkommnung entgegengeführt wird"[3]. In der praktischen Durchführung seiner Darstellung aber folgt Gregorovius keineswegs einem festen Schema, sondern ist von der Vielgestalt und der Buntheit seiner einzelnen Figuren und Ereignisse immer neu gefesselt. Im ersten Band seiner *Geschichte der Stadt Rom im Mittelalter* steht ein Satz, der jeder begrifflichen Festlegung des Geschichtsverlaufs geradezu ins Gesicht schlägt: „Die Geschichte entwickelt alle ihre Resultate aus der geheimen Arbeit der Triebe und Bedürfnisse, und Schuld, Wahn oder Irrtum sind ihre bewegenden Ursachen wie die Tugend, die Vernunft und das Genie."[4] Gerade diese Neugier nach dem Individuellen, das Interesse an der einzelnen Persönlichkeit, die sich jeder Definition entzieht, macht den Reiz und die Einmaligkeit der geschichtlichen Darstellung von Ferdinand Gregorovius aus. In ihr begegnen sich Wissenschaftler und Künstler in einer nie wiederholbaren Weise.

Ferdinand Gregorovius wurde am 19. Januar 1821 in der kleinen Kreisstadt Neidenburg im südlichen Ostpreußen geboren. Mitte der Stadt war das alte Deutschordensschloß, in dem die Familie wohnte und der Vater als Justizrat amtete. Geschichtliche Erinnerungen aller Art umgaben schon den Knaben. Wie wichtig sie waren, geht aus einer Eintragung in den *Römischen Tagebüchern* vom 11. Dezember 1864 hervor: „Das ehrwürdige Schloß war ein großer Faktor in meiner kleinen Lebensgeschichte – es geht davon ein Bezug auf die Engelsburg in Rom. Ohne jene Neidenburger Rittertürme hätte ich vielleicht die Geschichte der Stadt Rom im Mittelalter nicht geschrieben."[5] Sein Bildungsweg führte den jungen Gregorovius über das Gymnasium in Gumbinnen, wo er im Hause eines Onkels wohnte, an die Universität in Königsberg. Einer Tradition seiner Familie folgend, studierte er zunächst Theologie, bestand sogar das erste Staatsexamen, gab aber nach zwei Predigtversuchen die geistliche Laufbahn auf und wandte sich der Philosophie zu, die damals noch Literaturgeschichte und Kunstwissenschaft einschloß. Für diese Wende war nicht zuletzt sein Professor Karl Rosenkranz entscheidend, der zuerst sein Lehrer, dann sein lebenslanger Freund wurde. Unter seiner Anleitung schrieb er 1843 seine lateinische Dissertation, die später unter dem Titel *Grundlinien einer Ästhetik des Plotin* in deutscher Sprache herauskam. Nach einigen Jahren, die er als Hauslehrer in der Provinz verbrachte, kehrte er 1848 nach Königsberg zurück, wurde von 1848 bis 1852 Redakteur der *Neuen Königsberger Zeitung* und wirkte gleichzeitig als Lehrer an einer Privatschule.

In Gespräch und Schrift nahm er eifrig am politischen Geschehen Anteil, ohne selbst in einer leitenden Funktion hervorzutreten. Wichtig war sein Verkehr im Hause von Klara Bornträger, wo vor allem künstlerische Fragen zur Diskussion standen. Das seltsame Produkt dieser Zeit und seiner Umgebung ist die unter Decknamen erschienene Schrift *Konrad Siebenhorn's Höllenbriefe an seine lieben Freunde in Deutschland*, 1843, in der er die politischen und geistigen Zustände in seinem Vaterland scharf geißelt. Die Form des Ganzen erinnert an Jean Paul, der Inhalt gleicht oft politischen Leitartikeln. Jean Pauls und Eichendorffs Einfluß zeigt auch sein Roman *Werdomir und Wladislaw*, 1845, der im Vorwort ein politisches Buch erwarten läßt, dann aber in eine romantische Liebesgeschichte ausklingt. Nur der Eingeweihte, der die Königsberger Gesellschaft gut kannte, konnte geheime Anspielungen ablesen. In der Königsberger Redaktionszeit, zwischen Schule und Zeitung, entstanden drei größere Publikationen. Das Werk *Die Idee des Polenthum's. Zwei Bücher polnischer Leidensgeschichte*, 1848, gibt im ersten Teil eine kurzgefaßte Geschichte Polens bis zur dritten Aufteilung von 1795, das zweite Buch behandelt die Zeitgeschichte, wobei der polnische Aufstand mit all seinen Verwicklungen eine entscheidende Rolle spielt. Es ist ein Ereignis, an dem Gregorovius auch in seiner lyrischen Sammlung *Polen- und Magyarenlieder*, 1849, feurigen Anteil nimmt. Seine Schrift *Göthe's Wilhelm Meister in seinen socialistischen Elementen entwickelt*, 1849, trägt einen falschen Titel. Es ist keine politische Tendenzschrift, sondern eine sehr gründliche Untersuchung der sozialen Beziehungen im *Wilhelm Meister*, in der die Staatsutopie der *Wanderjahre* im Mittelpunkt steht.

Eine umfassende historische Biographie gibt Gregorovius in seiner *Geschichte des römischen Kaisers Hadrian und seiner Zeit*, 1851, die von einem genauen Quellenstudium zeugt. Dennoch bekennt Gregorovius „nicht als ein Geschichtsschreiber von Fach, sondern als ein Freund der Geschichte und des Altertums" das Buch geschrieben zu haben. Nach dem Vorwort zur zweiten Auflage von 1883 wurde es für ihn „der Wegweiser nach Rom"[6]. Zunächst freilich dachte Gregorovius noch nicht an Italien. Er erwog den Gedanken einer Habilitationsschrift über Goethes *Faust* und Calderóns *Wundertätigen Magus*, die ihm den Weg einer akademischen Laufbahn eröffnen sollte. Dann gab er den Plan plötzlich auf und rüstete sich zur Reise nach Italien.

Ferdinand Gregorovius aber betrat Italien nicht als Wissenschaftler, sondern als Poet. In seinem Gepäck bewahrte er die Tragödie *Der Tod des Tiberius*, die 1851 im Druck erschienen war, aber von niemandem gespielt wurde, dazu eine Fülle von Plänen, Fragmenten und Notizen zu lyrischen, epischen und dramatischen Dichtungen. Sie hoffte er in Italien zu vollenden. Jedoch so gut wie nichts davon ist wirklich fertig geworden. Denn kaum daß er Venedig gesehen hatte, tauchte der Gedanke auf, eine Geschichte Venedigs zu schreiben. Es blieb aber bei der Erwähnung. Der weitere Weg von

Gregorovius führte zuerst nach Livorno, wo er das Grab seines Freundes Ludwig Bornträger aufsuchte. In Livorno bestieg er nach kurzer Überlegung ein Schiff, das ihn nach Korsika brachte. Dort hielt er sich vom 14. Juli bis 5. September 1852 auf, durchwanderte die Insel kreuz und quer und machte sich Aufzeichnungen in Archiven und Bibliotheken. Er war nur sieben Wochen auf der Insel, doch das Ergebnis seiner Erkundungen ist das zweibändige Werk *Corsica*, das nach einigen Verzögerungen 1854 im Verlag Cotta in Stuttgart erschien. Damit war eine wichtige Verbindung angeknüpft, die bis ans Lebensende von Gregorovius fortdauern sollte. Das Buch ist aus einer Reihe von Aufsätzen entstanden, die Gregorovius im Winter 1852/53 in der *Augsburger Allgemeinen Zeitung* veröffentlicht hat. In Rom ergänzte er sie und ordnete sie zu einer Einheit zusammen, die schon alle charakteristischen Eigenschaften erkennen läßt, die den Reiseschriftsteller auszeichneten. Das Werk beginnt mit einem geschichtlichen Überblick von den Urzeiten bis zur Geburt Napoleons, daran schließen sich eine bunte Fülle von Naturschilderungen und Städtebildern, die unterbrochen werden von kleinen biographischen Skizzen, volkskundlichen Beobachtungen und einer Sammlung korsischer Totenklagen, die Gregorovius zum ersten Mal ins Deutsche übersetzte. Was später in den fünf Bänden der *Wanderjahre in Italien* ausgebreitet wird, ist da bereits in einem einzigen Werk vorbereitet. Es stellt sich als ein großartiger Entwurf zu seiner ganzen Reiseschriftstellerei dar, die zunächst für Jahre die Grundlage seines Broterwerbs bildet.

Gregorovius fuhr zwar am 2. Oktober mit seinem Vetturinwagen in Rom ein, sein erster Gang galt dem Kapitol und dem Forum; das Mondlicht, das durch die Bogen des Kolosseums fiel, verzauberte seine Sinne. Doch schon im Frühjahr 1853 durchwanderte er die Umgebung der Stadt, der Sommer führte ihn nach Neapel, Capri und Sizilien, nach seiner Rückkehr erlebte er das Albanergebirge und die römische Campagna. Die Eindrücke, die auf ihn zukamen, hielt er in Aufsätzen fest, die vor allem in der *Augsburger Allgemeinen Zeitung* und im *Deutschen Museum* erschienen. So ging es Jahr für Jahr fort, aus den ersten Kundfahrten wurden später planmäßige Archivreisen, immer aber galt sein Interesse in erster Linie Land und Volk, den historischen Erinnerungen und den kunstgeschichtlichen Monumenten. Zwischen 1856 und 1877 ordnete Gregorovius die Erträge in fünf Einzelbänden, die später den Sammeltitel *Wanderjahre in Italien* erhielten.

Erst allmählich nahmen die wissenschaftlichen Interessen festere Gestalt an. Es ist der 3. Oktober 1854 – und genau zwei Jahre her, daß Gregorovius Rom betrat –, da finden wir folgende Eintragung in seinen *Römischen Tagebüchern*: „Ich beabsichtige, die Geschichte der Stadt Rom im Mittelalter zu schreiben [...]. Ich faßte den Gedanken dazu, ergriffen vom Anblick der Stadt, wie sich dieselbe von der Inselbrücke S. Bartolomeo darstellt. Ich muß etwas Großes unternehmen, was meinem Leben Inhalt gäbe."[7] Aber noch einmal dauerte es volle zwei Jahre, bis er im Tagebuch am 12. November 1856 mit einer gewissen Feierlichkeit vermerkt: „Heute um 9 Uhr des Morgens habe ich den ersten Band der Geschichte Roms im Mittelalter zu schreiben angefangen, im 5. Jahre meines Aufenthalts in Rom, meines Lebens im 35., im 11. Jahre des Papstes Pius IX."[8] Denn zwischen Plan und Ausführung lag die Arbeit an der kleinen Schrift *Die Grabdenkmäler der Römischen Päpste*, 1857, die als eine Art Vorstudie zu dem großen Werk gelten kann. Es sind kurze biographische Skizzen, auf die jeweils die deutsche Übersetzung der Grabinschrift folgt. Der Bogen reicht von Felix IV. bis zu Gregorius XVI., umspannt also nicht nur das Mittelalter, sondern führt die Entwicklung weiter bis in die Gegenwart. Für die *Geschichte der Stadt Rom im Mittelalter*, die zwischen 1859 und 1872 in acht Bänden erschien, aber hat Gregorovius feste zeitliche Grenzen gesetzt. Die Darstellung beginnt mit der Eroberung Roms durch die Gefolgsschar des Westgotenkönigs Alerich im Jahre 410 und endet mit der Plünderung und teilweisen Zerstörung der Stadt durch die Truppen Karls V. im Jahre 1527. Dazwischen entfaltet sich ein volles Jahrtausend städtischer und päpstlicher Geschichte, wobei der lokalgeschichtliche und der universale Blick nicht zu trennen sind. Städtische Geschichte ist weitgehend Papstgeschichte, und die Politik der Päpste bedingt zwangsläufig die Entwicklung der Stadt. Das ist die Einmaligkeit der Perspektive.

So liegen denn auch die Höhepunkte der Darstellung in den allgemeingeschichtlichen Ereignissen der Krönung Karls des Großen am Weihnachtstag 800, in der Auseinandersetzung Heinrichs IV. und Gregors VII. um das Recht der Investitur und den folgenschweren Kämpfen mit Bann und Lösung, die Kaiser Friedrich II. mit den Päpsten um Macht und Besitz in Italien führte. In der Zeit der Renaissance überwiegen die kulturgeschichtlichen Aspekte, die Päpste erscheinen als die großen Förderer von Kunst und Wissenschaft, wogegen sich Gregorovius jede moralische Wertung ihrer Persönlichkeit versagt.

Dieser Standpunkt wird noch deutlicher in dem letzten Werk, mit dem Gregorovius seine römische Zeit beschließt. Es ist eine Biographie der *Lucrezia Borgia*, 1874, der vielumstrittenen Tochter Alexanders VI. Gregorovius schreibt eine Art Ehrenrettung der schönen Frau, die er nicht nach allgemeinem Brauch als amoralisches Wesen kennzeichnet, sondern die er aus den zwangsweisen Notwendigkeiten ihrer Herkunft, ihrer Stellung und ihrer Aufgaben entwickelt. Die

Unbefangenheit des Blicks verbindet sich mit einer Farbigkeit der Darstellung, die den Erzähler Gregorovius auf der Höhe seiner Entwicklung zeigt. Er hat den Dichter selbst in der Zeit seiner strengen wissenschaftlichen Tätigkeit nie verleugnet. Das beweist sein kleines Epos *Euphorion*, 1858, das seine Anregung auf einem Besuch in Pompeji und Neapel erfahren hat. Es ist die erfundene Geschichte eines griechischen Sklaven und einer jungen Römerin, die sich vor der Kulisse des Ausbruchs des Vesuv im Jahre 79 nach Christus ereignet. Der Dichter knüpft seine Erzählung an einen Kandelaber im Museum in Neapel an, der symbolisch die Schicksale der auftretenden Figuren darstellt. Es ist ein Werk, das seiner Form nach der späten Romantik zugehört, in seinem Inhalt aber modernes Zeitempfinden zum Ausdruck bringt.

Im Jahre 1872 hatte Gregorovius sein Hauptwerk *Geschichte der Stadt Rom im Mittelalter* beendet. Aus ursprünglich geplanten sechs Bänden waren acht stattliche Bücher geworden. Fast zwanzig Jahre hatte er diesen Studien geopfert. Ein Lebenswerk war zum Abschluß gekommen. Aber auch das Leben selbst verlangte nach einer Veränderung. Gregorovius dachte an die Heimkehr. Nicht Neidenburg oder Königsberg, sondern München wird sein Ziel. Aber noch dauerte es zwei Jahre, bis er mit den Worten seine *Römischen Tagebücher* beschließt:

> Meine Mission in Rom ist beendigt. Ich war hier ein Botschafter, in bescheidener Form, doch vielleicht in einem höheren Sinn als diplomatische Minister. Ich kann von mir sagen, was Flavius Blondus von sich gesagt hat: ich schuf, was noch nicht da war, ich klärte elf dunkle Jahrhunderte der Stadt auf, und gab den Römern die Geschichte ihres Mittelalters. Dies ist mein Denkmal hier. So darf ich ruhig von hinnen gehn [...][9].

Am 15. Juli 1874 zog Gregorovius mit Bruder und Schwester in München ein. Schon aus früherer Zeit besaß er zur Stadt enge wissenschaftliche Beziehungen. Die Bayerische Akademie der Wissenschaften hatte ihn bereits 1865 zum korrespondierenden und 1871 zum auswärtigen Mitgliede gewählt. Jetzt, 1875, erfolgte seine Ernennung zum ordentlichen Mitglied. In der Akademie spielte sich auch in den nächsten Jahren ein Gutteil seiner wissenschaftlichen Tätigkeit ab. Er war ein eifriger Besucher der Sitzungen und trat selbst öfters als Vortragender auf. Seine Schrift *Urban VIII. im Widerspruch zu Spanien und dem Kaiser*, die 1879 zugleich deutsch und italienisch erschien, ist aus einem Vortrag in der Münchener Akademie hervorgegangen. Gregorovius untersucht darin die zwiespältige Haltung des Papstes, der im Dreißigjährigen Krieg mit den protestantischen Führern verhandelte, um die Macht des Kaisers und Spaniens auf der italienischen Halbinsel einzuschränken. Diese Studien brachten ihn zeitweilig auf den Gedanken, eine große Darstellung des Dreißigjährigen Krieges zu schreiben. Es blieb aber beim Plan. Denn der unruhige Geist von Gregorovius fand bald ein neues Tätigkeitsfeld.

Die griechisch-byzantinische Welt stieg in München vielgestaltig vor seinem inneren Auge auf. Er reiste im Frühling 1880 nach Griechenland, zwei Jahre später besuchte er neben Athen auch Jerusalem. Und jetzt griff er den Plan auf, neben die *Geschichte der Stadt Rom im Mittelalter* eine *Geschichte der Stadt Athen im Mittelalter* zu stellen. Diese Aufgabe beschäftigte ihn die folgenden Jahre, bis das Werk in zwei Bänden 1889 bei Cotta vollendet vorlag. Als Vorstudie dazu kann die kleine Biographie *Athenais*, 1882, gelten, in der Gregorovius den Aufstieg der athenischen Philosophentochter auf den Thron von Konstantinopel schildert, dann aber ihre Verbannung nach Jerusalem mit der Übersetzung ihres Gedichts *Cyprianus und Justina* abschließt, in dem das Faustmotiv einer Verbindung des Menschen mit dem Teufel aufklingt. Die *Geschichte der Stadt Athen im Mittelalter*, bei der sich Gregorovius einen Blick auf die große antike Vergangenheit nicht versagen kann, ist nicht so reich an dramatischen Ereignissen wie die Geschichte Roms, aber der Verfasser bettet diese Rückwirkungen byzantinischer Herrschaft in den ruhigen Fluß seiner Prosa, die gerade durch den Wegfall des Pathos eine besonders schön gegliederte Form erhalten hat.

Neben Reisen, die ihn nach Paris und immer wieder nach Rom führten, das ihn 1876 zum Ehrenbürger ernannt hatte, stellte Gregorovius seine *Kleinen Schriften zur Geschichte und Kultur* zusammen. Die ersten beiden Bände erschienen 1887 und 1888, der dritte und letzte Band kam erst nach seinem Tode 1892 heraus. Sie fassen die Splitter auf, die bei den größeren Arbeiten abfielen, daneben aber auch eine Abhandlung über die *Passionsspiele in Rom und in Tirol* und eine feine Charakteristik, *Die Brüder von Humboldt*, die schon 1880 als Einleitung zur Ausgabe des Briefwechsels zwischen Alexander und Wilhelm von Humboldt erschienen war. Die *Kleinen Schriften* stellen eine Art Summe der vielseitigen Interessen von Gregorovius dar. Der tiefste Sinn seines historischen Denkens kommt aber in einer Festrede über *Die großen Monarchien oder die Weltreiche in der Geschichte* zum Ausdruck, die Gregorovius am 15. November 1890 in der Akademie der Wissenschaften zu München hielt. In formelhafter Kürze faßt er dabei die Einsichten seiner jahrelangen Arbeiten zusammen. Im Anfang der Geschichte steht für Gregorovius die Theokratie: „Die älteste Idee vom Staat ist die theokratische des Orients: daß er nicht irdisches Menschenwerk, sondern eine Einrichtung der Gottheit sei. Diese selbst hat das Königtum als Weltregierung eingesetzt."[10] In einem jahrhundertelangen Prozeß entwickeln sich aus Antike und

Christentum die Gesetze der Humanität, die das Staatsleben unserer Gegenwart bestimmen sollen. So kann Gregorovius mit den hoffnungsvollen Sätzen enden:

> Die Zukunft gehört den Zukünftigen an. Keine Sybille entschleiert uns die Bahnen, welche die Menschheit nach uns gehen wird. Nur dies wissen wir, daß der synthetische Menschengeist das Panorama der Welt mit jedem Tage großartiger und einheitlicher gestaltet, und daß jedes Wunder seiner Erfindungskraft eine unabsehbare Reihe kommender Wunder eröffnet. Wir heute Lebenden können uns mit dem Ausspruche begnügen, welchen unser Humboldt in seinem *Kosmos* getan hat: „Das Prinzip der individuellen und der politischen Freiheit ist in der unvertilgbaren Überzeugung gewurzelt von der gleichen Berechtigung des einigen Menschengeschlechtes. So tritt dieses als ein großer verbrüderter Stamm, als ein zur Erreichung eines Zweckes, der freien Entwicklung innerlicher Kraft bestehendes Ganzes auf."[11]

Diese helle Zuversicht begleitete Gregorovius, trotz steigender Leiden und Schmerzen, bis in seine letzten Lebenstage. Am 1. Mai 1891 ist er in München verstorben. Seine Asche wurde zuerst in der Schloßkapelle des Grafen von Werthern zu Beichlingen in Thüringen beigesetzt, kam aber später nach Neidenburg, wo sie am Sockel eines Denkmals, das seinem Vater errichtet worden war, eine letzte Ruhestätte fand.

Die erste Beziehung zur poetischen Landschaftsdarstellung gewann Ferdinand Gregorovius schon in der voritalienischen Zeit. Im Herbst 1851 wurde er von dem Herausgeber des *Deutschen Museums* aufgefordert, Berichte über Leben und Treiben seiner Provinz zu schicken. Gregorovius kam dieser Bitte nach mit den *Sommeridyllen vom samländischen Ufer*, die 1852 im *Deutschen Museum* erschienen.

Der Verfasser leitet seine Darstellung mit einer Zuschrift an Robert Prutz ein:

> Sie haben mich aufgefordert, Ihnen gelegentlich das Leben und Treiben in unserer Provinz zu schildern. Wohlan denn, so will ich diesen schönen Herbsttag, der uns selbst noch wie ein Nachklang sommerlicher Lust gemahnt, benutzen, Ihnen ein paar sommerlich idyllische Bilder aus dem alten Bernsteinlande zu malen.[12]

Die künstlerische Absicht kommt in den letzten Worten deutlich zum Ausdruck. So ist die Schilderung mit dem veränderten Titel *Idyllen vom baltischen Ufer* in den Band *Figuren. Geschichte, Leben und Szenerie aus Italien*, 1856, eingegangen. Die Zuschrift an den Herausgeber ist weggefallen, die oftmalige Anrede aber im Text blieb stehen, während sonst der Wortlaut nur geringe Verbesserungen erfuhr. Der Beitrag kam allerdings nur in der ersten Auflage zum Abdruck, in den späteren Ausgaben hat Gregorovius den Aufsatz, der mit Italien nichts zu tun hatte, herausgenommen. Der Essay aber beschreibt nicht nur den Landstrich, sondern schildert vor allem das sommerliche Badeleben des Königsberger Bürgertums in den kleinen Küstenorten an der Ostsee, so daß Landschaft und Gesellschaft bereits ein Ganzes werden.

Auf diesem Wege schritt Gregorovius in Italien fort. Das bezeugen seine *Idyllen vom lateinischen Ufer*, die als eine Art Gegenstück verstanden werden müssen und in dem gleichen Band Aufnahme fanden. Deutlich wird der Bezug vom Dichter selbst ausgesprochen, wenn es von den Ufern bei Antium heißt:

> Sie sind anmutig wie der baltische Strand meiner Heimat, und wenn auch unendlich schöner und von feinerem Wesen, so doch ihm manchmal ähnlich, und mehr als einmal habe ich an diesen gelben felsenlosen Küsten verwandter Form und

> Bildung ausgerufen: Das ist ja leibhaftig Neukuhren, Wangen und Sassau! Die baltische Küste und die lateinische verhalten sich so zueinander wie ein schönes, naturfrisches Volkslied zu einer klassischen Idylle des Theokrit. (S. 37 f.)

Sichtbar wird da die Brücke geschlagen, nur daß in der italienischen Schilderung die historischen Akzente weit stärker hervortreten.

Das zeigt vor allem der Aufsatz *Die Insel Capri*, der nach der Entstehungszeit in der Mitte der beiden Seitenstücke liegt. Im Sommer 1853 verweilte Gregorovius mehrere Wochen auf der Insel, wobei ihn nicht allein die Naturschönheit überwältigte, sondern ihm historische Erinnerungen an Kaiser Tiberius auf Schritt und Tritt begegneten. Nun ist der Stil gefunden, der sein künftiges Schaffen bestimmen sollte, Natur und Geschichte erscheinen zu einer Einheit verschmolzen.

Im Jahre 1907 gab Camillo von Klenze sein Buch *The Interpretation of Italy during the last two Centuries* heraus, das die Entwicklung des europäischen Italienbildes im 18. und 19. Jahrhundert aufzeigt. Ferdinand Gregorovius nimmt darin eine besondere Stellung ein. Klenze verweist auf eine Stelle aus den *Idyllen vom lateinischen Ufer*, die in besonders charakteristischer Weise „gleichzeitig des Verfassers tiefe Empfänglichkeit für die Schönheiten der italienischen Landschaft, sein Gefühl für den geschichtlichen Reiz der Örtlichkeit und seine Kraft, in Wort und Ausdruck die Farbigkeit und die Vornehmheit der Umrisse einer italienischen Szene wiederzugeben, veranschaulicht"[13]:

> Ja, diese Meereseinsamkeit überschleicht unversehens das Gemüt! Jene feinen, sanften Uferlinien, welche in Meilenweite sich im Duft verlieren, jener weiche und schimmernde Sand, dieses wohlig rauschende Meer in seinem Farbenspiel, das märchenhafte Kap der Circe drüben, welches als Insel wie ein großer Saphir herüberfunkelt, die fernen kleinen Ponza-

> Eilande, die ihre blauen Gipfel wie Blumenglocken kaum aus den Wellen erheben, hundert weiße Segel, welche kommen, gehen und dahinschwinden, der melancholische Gesang der Fischer, Flöten- und Harfenklänge – [...].
>
> Wenn ich im Fenster meines Zimmers liege, vor welchem die neapolitanischen Fischer auf dem weißen Sande sitzen und die Netze ausbessern, tut sich der ganze herrliche Golf vor mir auf, und ich sehe das liebliche Ufer vor mir bis zum Circeischen Kap. Auf der Küste erhebt sich nahe bei Anzio die edelgeformte Villa des Fürsten Borghese in einem wilden Park von Steineichen und Olivenbäumen, weiterhin Kastell und Stadt Nettuno, braun und pittoresk, ins Meer gebaut, und in aller Welt berühmt durch die Schönheit der Frauen und ihre herrliche Tracht. Die Linie der Ufer wird nun immer sanfter, feiner und länger ausgezogen; an ihrem Ende steht in traumhafter Ferne ein kleines weißschimmerndes Schloß. Dies Kastell breitet um Küste und Meer eine melancholische Stimmung aus, wie das Kap der Circe homerische Poesie verbreitet. Die Blicke jedes Deutschen zieht es magisch an und rührt sein Herz zur Wehmut und Trauer; denn es bezeichnet einen der größten Abschnitte in der Geschichte unseres Vaterlandes. Ist es doch jener einsame Turm Astura, wo der letzte Hohenstaufe, Konradin, nach der verlorenen Schlacht bei Tagliacozzo hinüberfloh, und wo der Verräter Frangipani ihn festnahm und in die Hände des blutgierigen Karl von Anjou auslieferte. An jenem Turm sank die Sonne der Hohenstaufen in das Meer. (S. 38 f.)

Das ist der Stil, den Gregorovius schon sehr früh gefunden hat. Alle seine Aufsätze stellen sich dar als unerschöpfliche Variationen dieser festen Form. Dem fein ausgezogenen, leicht tuschierten Landschaftsbild sind die historischen Erinnerungen eingefügt. Später kommt noch dazu, daß kunstwissenschaftliche Betrachtungen, politische Reflexionen, ja sogar aktuelle Ereignisse des Tages in den Text eingestaltet werden. Aber Gregorovius verliert sich nie in Einzelheiten, sondern ordnet alle Züge organisch dem Landschaftsbild unter.

Nach dem Band *Figuren* folgen die Bücher *Lateinische Sommer*, 1864, *Siciliana. Wanderungen in Neapel und Sicilien*, 1861, *Von Ravenna bis Mentana*, 1871, und *Apulische Landschaften*, 1877, die als Einzelbände erschienen, aber im Verlaufe der Arbeit unter dem Obertitel *Wanderjahre in Italien*, 1856 bis 1877, zu einer Einheit zusammengefaßt wurden. Der Stil verändert sich kaum, der Gegenstand aber verwandelt sich von Band zu Band. Fast alle Beiträge sind im voraus in Zeitungen oder Zeitschriften abgedruckt worden, wurden aber für die endgültige Ausgabe von Gregorovius stilistisch sorgfältig nachgeprüft, so daß jedes Stück für sich ein einzelnes Kunstwerk bildet. So hat es Josef Nadler gesehen, der über die *Wanderjahre in Italien* schreibt: „Sie krönten die deutsche Mühe um ein Bild Italiens aus eigenem Augenschein und schufen eine neue literarische Gattung: die historische Landschaft; Land und Leute auf dem geschichtlichen Hintergrunde. Das Bild der Gegenwart von Raum und Menschen, formenüppig, gestaltenreich, gibt den festen Umriß, die körperhafte Erscheinung. Diesen Dingen setzt er die geschichtliche Farbtönung auf, nebeneinander, übereinander. Sie schimmern von unten herauf durch die oberen Schichten und erzeugen neue Farben. Sie erzeugen den einmaligen, so nie wiederkehrenden Gesamteindruck des menschenerfüllten Landschaftsbildes, Gegenwart und Nähe, überhaucht von dem angesammelten Dunstkreis des Geschehenen, der Ferne und der Vergangenheit: Gewesen, Werden, Sein; der farbig unbestimmbare Ton, der über allen irdischen Dingen liegt."[14] Mit Josef Nadler erkennen auch wir in den *Wanderjahren in Italien* den Gipfel seiner literarischen Gestaltungskraft.

Ferdinand Gregorovius ist zwar als Poet nach Italien gezogen, hat sich aber in Rom als Historiker gefunden und sich selbst immer bewußter als Historiker gefühlt. Im Bereich der

Historie waltet jedoch die strenge Sachgebundenheit des Wissenschaftlers, dennoch aber brachte Gregorovius alle Errungenschaften des großen Schriftstellers in seine geschichtlichen Werke ein. Dadurch grenzte er sich klar von Leopold von Ranke ab:

> Meine Individualität ist gänzlich von der Weise des berühmten Mannes verschieden, und ich verfolge allein meinen Weg. Ich suche Forschung und künstlerische Darstellung zu vereinigen und wünsche auch, daß man mir zugäbe, die Kunst des Erzählers zu besitzen.[15]

Er sah die Aufgabe des Historikers nicht nur in der Erschließung der Quellen, sondern auch in der Umsetzung des Gefundenen in den fortdauernden Fluß der Erzählung. Kunst und Wissenschaft schließen sich nicht aus, sondern sie bedingen sich gegenseitig. Der Historiker bedarf nicht weniger als der Dichter der Phantasie, aber er läßt ihr keinen freien Lauf, sondern bindet sie an die Dinge, die es in ihrem ursächlichen Zusammenhang zu erkennen gilt. Diese Gabe der Kombination zeichnet Gregorovius vor anderen Historikern aus. Vielleicht ein zweifelhaftes Geschenk? Aber es bestimmt die Einmaligkeit seiner Persönlichkeit. Als er das große Werk *Geschichte der Stadt Rom im Mittelalter* vollendet hatte, gab er sich selbst Rechenschaft über sein Tun und seine Absicht:

> Ich habe mein Werk nicht um einen Lohn von irgendwelcher Seite her verfaßt. Ich schrieb es um meiner selbst und des Gegenstandes willen, von dem ich mit einer leidenschaftlichen Glut erfüllt war. Ich habe nicht rechts noch links gesehen – ich war selbst ganz darin, und es war mein Leben, was ich niederlegte. Ich tat es auch nicht um der abstrakten Wissenschaft willen; diese als solche hat mich stets kalt gelassen; ich habe sie nie um ihrer selbst willen geliebt; mein Verhältnis zu ihr war stets ein persönliches und künstlerisches. Arbeiten nur um der Arbeit willen habe ich nie vermocht! Der wissen-

> schaftliche Stoff hat für mich nur Bedeutung als Material für die gestaltende Idee [...]. Ich selbst habe mich nie unter die Gelehrten gezählt. Aber ich bin zufrieden, ein römisches Epos verfaßt zu haben, welches doch auf dem festen Grunde der umfassendsten und gediegensten Studien in den Archiven ruht. Vielleicht wird sich an ihm der Ausspruch Wilhelm von Humboldts bewahrheiten, daß nur der ein lebendiges Geschichtswerk schreiben kann, welcher die Gabe des Dichters besitzt.[16]

Wenn Gregorovius von seinem großen Geschichtswerk mit den Attributen der Dichtung spricht, so kommt seiner Aussage gewiß keine bloß metaphorische Bedeutung zu. Er versteht seine Aufgabe als Wissenschaftler und Künstler in einem. Er fühlte sich in seinem Tun durchaus Homer verwandt. Aus diesem Geiste darf er von seinem Geschichtswerk als einem „römischen Epos" sprechen.

Diesen Zusammenhang hat niemand so fein empfunden wie die Dichterin Gertrud von Le Fort. In ihrem großen Romanwerk *Das Schweißtuch der Veronika* läßt sie im ersten Band, *Der römische Brunnen*, der zum größten Teil in Rom spielt, ihre Heldin, die sie selbst ist, von ihrer Großmutter, der Rom zur Heimat geworden war, erzählen:

> Meine Großmutter hatte noch in ihrer Jugend den berühmten Historiker Gregorovius gekannt, und ich hatte sagen hören, es habe eine Zeit gegeben, wo ihm ihr wunderschönes, geistvolles Antlitz noch viel interessanter gewesen sei als die *Geschichte der Stadt Rom im Mittelalter*. Sie selbst aber sagte das niemals, obwohl sie sich sonst nicht ungern daran erinnerte, wie viel sie als junge Frau gefeiert worden war. Aber von den Männern, die an ihrem Geist gebildet hatten, oder von denen sie es doch glaubte, sagte sie stets nur, daß sie selbst sie hoch verehrt habe. Von Gregorovius erzählte sie gerne, die deutsche Kolonie habe ihn immer den Mann genannt, „der im Mittelalter gewesen sei", so wie etwa die Ein-

wohner von Verona Dante den Mann genannt hätten, der „in der Hölle gewesen sei". Sie teilte denn die Historiker überhaupt in solche ein, die „dabei waren", und solche, die „nicht dabei waren". Von Mommsen zum Beispiel, den sie auch gut gekannt hatte, meinte sie, er sei „nicht dabei gewesen".[17]

An dieser Stelle wird in dichterisch übertragener Form der Unterschied zwischen Gregorovius und der Zunft der Historiker erneut deutlich. Der Vorwurf der falsch verstandenen Subjektivität ist aufgehoben. Es geht überhaupt nicht um die Frage von Subjektivität und Objektivität, sondern allein darum, ob der Darsteller „dabei gewesen" oder „nicht dabei gewesen" sei. Teilnahme aber ist kein wissenschaftliches Kriterium, wohl aber ein künstlerisches Postulat. Im Sinne der reinen Objektivität – die es gar nicht gibt – ist Gregorovius kein Historiker von Rang und Namen. Aber er ist es im Sinne des Miterlebens und Miterfahrens. Das allerdings ist keine Tugend des Wissenschaftlers, wohl aber eine Gabe des Dichters. Kalliope, die Muse der epischen Dichtkunst, ist Gregorovius treu geblieben sein ganzes Leben lang.[18]

Die Stellung zwischen Dichtung und Historie, Wissenschaft und Kunst, die für Gregorovius kennzeichnend ist und seine Lebensleistung lange verdunkelt hat, ist heutzutage nicht mehr von Belang. Unsere Zeit hat gelernt, daß Wahrheit und Dichtung keine absoluten Gegensätze sind. Die Frage, die wir an den Historiker zu stellen haben, lautet nicht mehr: Dichtung oder Wahrheit? Sie ist vielmehr zur Fragestellung geworden: Wahrheit durch Dichtung? Und diese Frage hat Ferdinand Gregorovius durch sein Lebenswerk in eindeutiger Weise beantwortet.

Eugen Thurnher

Anmerkungen zum Nachwort

1 Helmut Motekat: Spuren eines Lebens. Wanderjahre und Wegstationen des deutschen Privatgelehrten und Weltbürgers Ferdinand Gregorovius. In: Großbritannien und Deutschland. Europäische Aspekte der politisch-kulturellen Beziehungen der beiden Länder in Geschichte und Gegenwart. Festschrift für John W. P. Bourke. Hg. von Ortwin Kuhn. München 1974, S. 524.
2 Josef Nadler: Literaturgeschichte des deutschen Volkes, Band III, Berlin 1938, S. 61/62.
3 Vgl. Waldemar Kampf: Ferdinand Gregorovius. In: Neue deutsche Biographie, Band VII, Berlin 1966, S. 27. Der Verfasser nimmt Bezug auf zahlreiche Stellen in der *Geschichte der Stadt Rom im Mittelalter* und in der *Geschichte der Stadt Athen im Mittelalter*.
4 Ferdinand Gregorovius: *Geschichte der Stadt Rom im Mittelalter*. Dresdener Ausgabe, Band I, Dresden 1928, S. 1026.
5 Ferdinand Gregorovius: *Römische Tagebücher*. Hg. von Friedrich Althaus. Stuttgart 1892, S. 292: 11. Dezember 1964.
6 Ferdinand Gregorovius: *Der Kaiser Hadrian. Gemälde der römisch-hellenischen Welt zu seiner Zeit*. Stuttgart ²1884, S. V: Vorwort.
7 Gregorovius: *Römische Tagebücher*, S. 20: 3. Oktober 1854.
8 Ebd., S. 41/42: 12. November 1856.
9 Ebd., S. 591: 14. Juli 1874.
10 Ferdinand Gregorovius: *Die großen Monarchien oder die Weltreiche in der Geschichte*. Festrede in der Akademie der Wissenschaften zu München am 15. November 1890. München 1890, S. 3.
11 Ebd., S. 26.
12 *Deutsches Museum*. Zeitschrift für Literatur, Kunst und öffentliches Leben. Hg. von Robert Prutz, Band II, 1852, S. 81.

13 Camillo von Klenze: The Interpretation of Italy during the last two Centuries. Chicago 1907. Zitiert nach der Übersetzung von Johannes Hönig: Ferdinand Gregorovius. Eine Biographie. Stuttgart o. J. (1941), S. 223.
14 Nadler: Literaturgeschichte, vgl. Anm. 2, Band III, S. 61/62.
15 Brief an Johann Georg von Cotta vom 25. August 1858. Zitiert nach Hönig: Gregorovius, S. 305.
16 H. H. Houben: Das sterbende Rom. In: Westermanns Monatshefte, September bis November 1914, S. 158.
17 Gertrud von Le Fort: *Das Schweißtuch der Veronika*, Band I: *Der römische Brunnen*. München 1928, S. 21/22.
18 In diesem Sinne hat sich Gregorovius zwar nicht als ‚Poet', wohl aber als eine ‚poetische Natur' verstanden.

Im Nachwort wurden alle Zitate der heute üblichen Rechtschreibung und Zeichensetzung angeglichen, um einen einheitlichen Schriftduktus zu erhalten.

Inhalt

Idyllen vom baltischen Ufer   5
Idyllen vom lateinischen Ufer   35
Die Insel Capri   73

Zu dieser Ausgabe   131
Nachwort   133
Anmerkungen zum Nachwort   152

Deutsche Bibliothek des Ostens *bei* Nicolai

JOSEPH VON EICHENDORFF
Schlesische Tagebücher
Hrsg. Alfred Riemen
226 Seiten

LEOPOLD KOMPERT
Ghetto-Geschichten
Hrsg. Burkhard Bittrich
164 Seiten

ERNST WICHERT
Eine litauische Geschichte
Hrsg. Helmut Motekat
140 Seiten

KARL VON HOLTEI
Jugend in Breslau
Hrsg. Helmut Koopmann
140 Seiten

Deutsche Bibliothek des Ostens *bei* Nicolai

KARL EMIL FRANZOS
Erzählungen aus Galizien und der Bukowina
Hrsg. Joseph Peter Strelka
196 Seiten

VIKTOR HEHN
Goethe und das Publikum
Hrsg. Eugen Thurnher
176 Seiten

EDUARD VON KEYSERLING
Fürstinnen
Hrsg. Richard Brinkmann
214 Seiten

FERDINAND VON SAAR
Mährische Novellen
Hrsg. Burkhard Bittrich
182 Seiten

Deutsche Bibliothek des Ostens *bei* Nicolai

CARL HAUPTMANN
Erzählungen aus dem Riesengebirge
Hrsg. Gerhard Kluge
168 Seiten

HERMANN SUDERMANN
Die Reise nach Tilsit/Jolanthes Hochzeit
Hrsg. Heinz-Peter Niewerth
148 Seiten

ADALBERT STIFTER
Der Waldgänger
Hrsg. Karl Konrad Polheim
146 Seiten

THEODOR GOTTLIEB VON HIPPEL
Und nun in Königsberg!
Hrsg. Joseph Kohnen
214 Seiten

Deutsche Bibliothek des Ostens *bei* Nicolai

OTTO JULIUS BIERBAUM
Studentenbeichten
Hrsg. Norbert Honsza
184 Seiten

LUDWIG PASSARGE
Aus dem Weichseldelta
Hrsg. Hartmut Boockmann
168 Seiten

JOHANN TIMOTHEUS HERMES
Sophiens Reise von Memel nach Sachsen
Hrsg. Wojciech Kunicki
190 Seiten

FERDINAND GREGOROVIUS
Idyllen vom baltischen Ufer
Hrsg. Eugen Thurnher
160 Seiten